DOUBLE
V-31318

I0752077

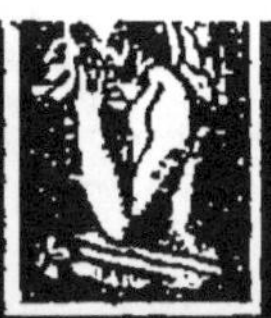

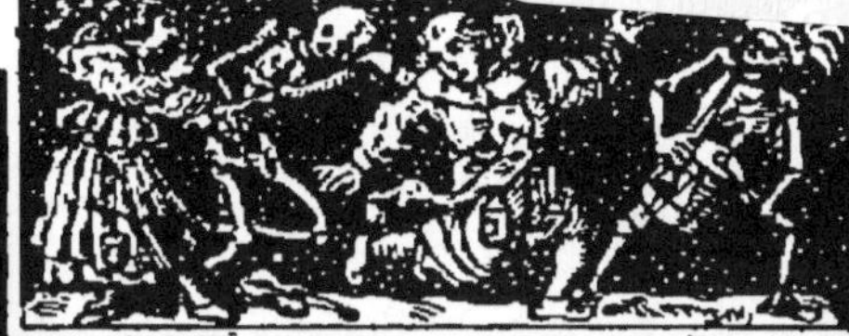

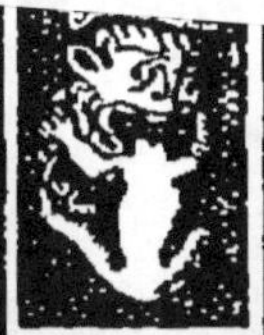

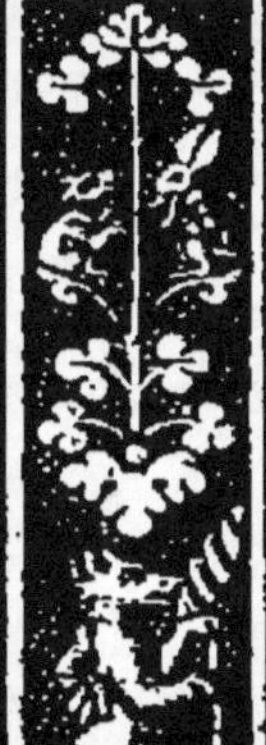

HISTOIRE
DE LA
Caricature
AU
MOYEN AGE

PAR

Champfleury

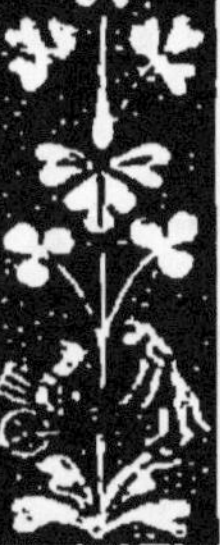

PARIS
E. DENTU, ÉDITEUR
Libraire de la Société des gens de lettres
PALAIS-ROYAL, 17 ET 19, GALERIE D'ORLÉANS

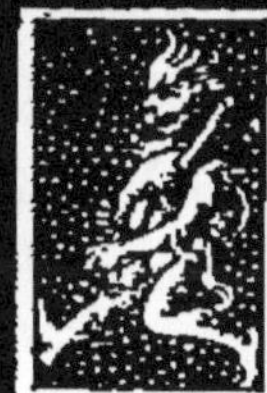

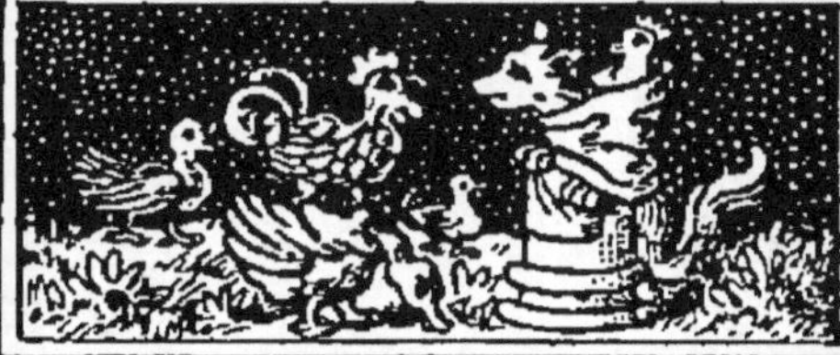

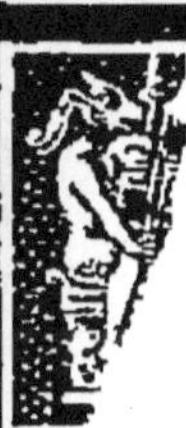

HISTOIRE

DE LA

CARICATURE

AU MOYEN AGE

34348

PARIS. — IMP. SIMON RAÇON ET COMP., RUE D'ERFURTH, 1.

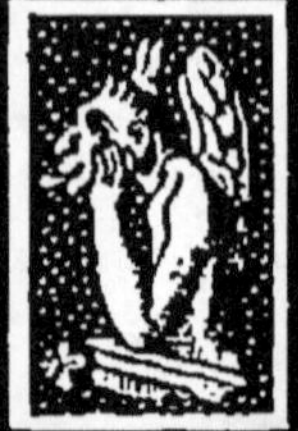
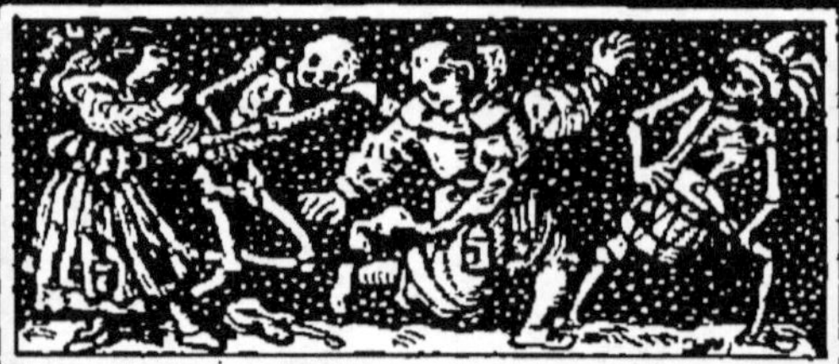
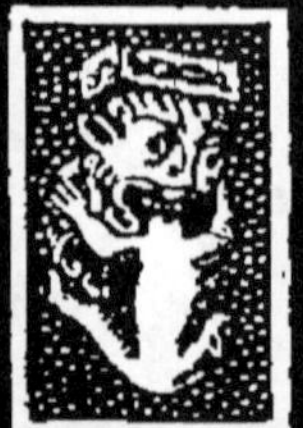

HISTOIRE

DE LA

Caricature

AU

MOYEN AGE

PAR

Champfleury

— —

PARIS

E. DENTU, ÉDITEUR

Libraire de la Société des gens de lettres

PALAIS-ROYAL, 17 ET 19, GALERIE D'ORLÉANS

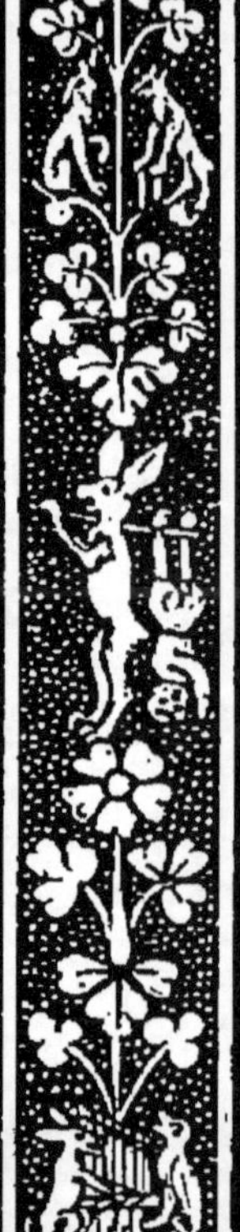
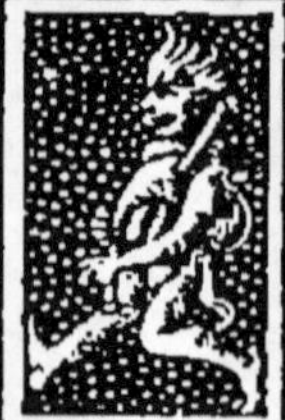
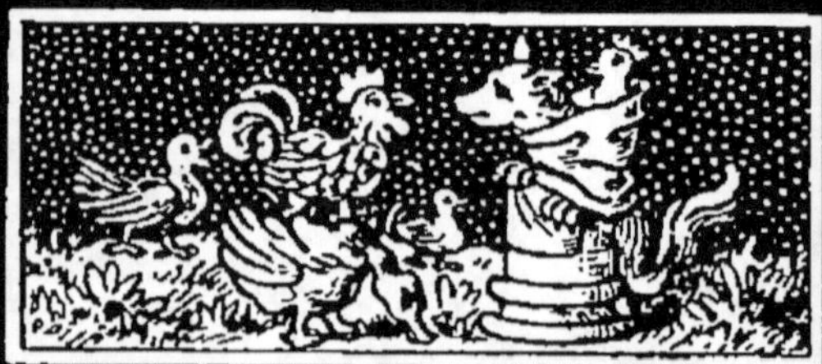
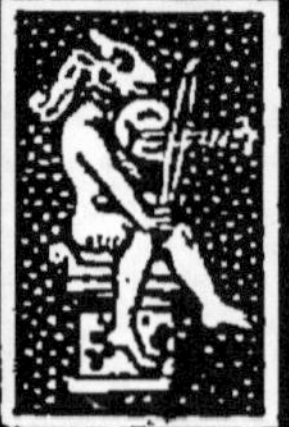

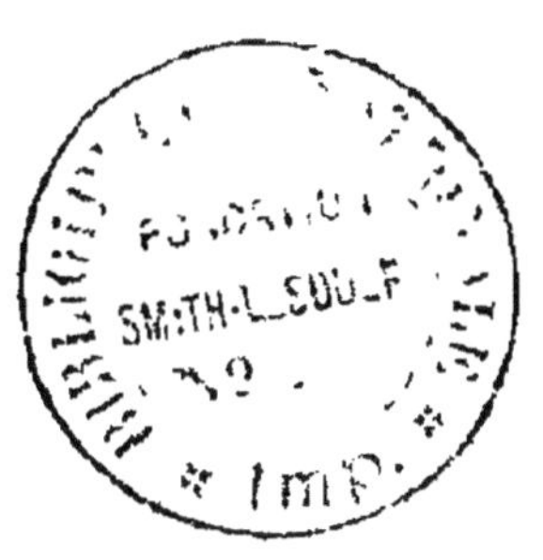

A CORNEILLE VILA

ARCHITECTE

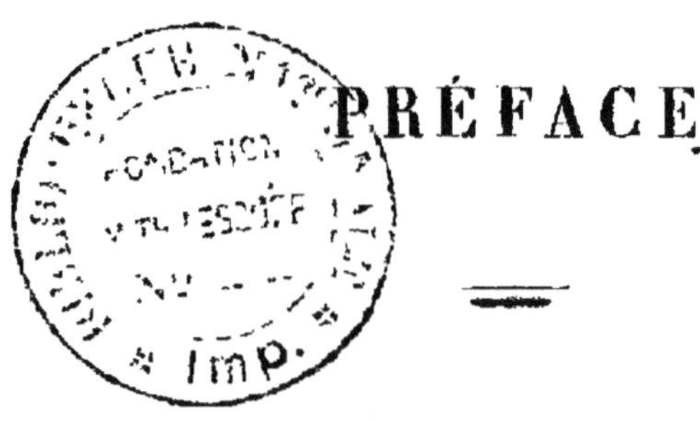

PRÉFACE

I

A dire vrai, j'aurais mauvaise grâce à me plaindre de l'attention qu'ont portée les esprits sérieux à cette série commencée déjà depuis longtemps; cependant il est bon de répondre à un honorable membre de l'Université, ému de l'attentat contre le Beau que je commettais à ses yeux en étudiant l'art satirique chez les anciens. Préoccupé des manifestations dans le même sens exprimées plus nettement au moyen âge et s'ingéniant en diverses raisons pour me dissuader de donner suite à mes recherches, plein de mélancolie, il disait :

« Sans contester à l'art gothique le mérite de son architecture, convient-il d'admirer autant qu'on l'a fait des bas-reliefs grotesques ?

« Est-ce par là que nos cathédrales ont chance d'être avec succès opposées au Parthénon ?

« Et sont-ce des spectacles bien agréables à l'œil, bien divertissants pour l'esprit que des caricatures en pierre[1] ? »

Le critique qui posait ces questions entremêlées de hélas ! ne semble pas avoir une idée bien nette du but et des résultats de l'archéologie.

Personne n'a jamais « admiré » démesurément les bas-reliefs des cathédrales. Il s'agit d'en scruter le sens, de le pénétrer et d'ajou-

[1] Chassang, *la Caricature et le grotesque dans l'art grec*, Revue contemporaine, 1865.

ter quelques pages utiles à l'histoire des siècles antérieurs.

Que vient faire le « Parthénon » en regard des figures satiriques des monuments religieux? Existe-t-il un écolier assez naïf pour opposer Phidias à d'humbles sculpteurs qui n'avaient pour règle qu'une symbolique confuse, mêlée à quelques caprices de leur imagination?

Qui a présenté ces spectacles comme « agréables à l'œil et divertissants pour l'esprit? »

Il est réellement trop facile de combattre le spiritualisme timoré qui se fait jour à travers les plaintes de l'honorable universitaire.

« Ce qui arrête et fixe trop nettement les formes, ajoute-t-il, n'est pas propre à l'expression du ridicule, car les arts plastiques vivent de beauté et l'expression des ridicules est un commencement de laideur. La véritable place du grotesque n'est donc pas dans les œuvres de la sculpture et de la peinture, mais dans les rapides dessins d'un spirituel et malin crayon. »

De nos jours, où la caricature est exclusivement cantonnée dans les petits journaux, on ne connaît pas un architecte appelé à bâtir une église moderne qui ornemente la façade et les chapiteaux de magots et de figures bouffonnes.

L'art, tel que l'étudient les archéologues, n'a rien à voir avec le contrôle des esthéticiens. Les manifestations du Beau sont étudiées, mais avec la même balance qui pèse le Laid. L'archéologue n'enseigne pas, il constate. La sérénité, la pureté des lignes dans les œuvres d'art lui semblent sans doute préférables à l'expression du baroque et du grotesque; il n'en recueille pas moins précieusement ces formes grimaçantes qui lui donnent peut-être une idée plus exacte et plus vive des mœurs, des coutumes et des usages du passé qu'un pur et noble contour.

II

Depuis la fin de la Restauration, époque à laquelle l'archéologie posa ses premiers jalons, de nombreuses affirmations contradictoires et empreintes d'exagération furent portées devant un tribunal où ne devrait siéger que l'impartialité.

Les affirmations de partisans d'un symbolisme effréné, je me suis efforcé de les ramener à leur juste valeur; il fallait nettoyer le terrain de polémiques sans résultat entre ceux que plaisamment Voltaire appelait « antiquaires à capuchon » et d'ardents esprits qui ne regardent les faits qu'à travers la lunette révolutionnaire.

Ce serait toutefois acte d'énorme vanité que de prétendre avoir raison, seul, dans les matières si controversables de symbole, d'emblème, d'allégorie, qui ont donné naissance à ce que les uns appellent symbolique chrétienne indirectement dogmatique, les autres iconographie hiératique, certains langage figuratif et populaire.

Si l'analogie était une science, elle devrait être le plus utile instrument au service de l'archéologue. Les monuments des divers siècles, mis en regard, fournissent tout à coup des lumières inattendues ; mais il faut avoir beaucoup vu, beaucoup voyagé ; il est bon surtout de consulter sans cesse des cartons bourrés de dessins, car en archéologie l'image prime le texte.

Pour prendre un exemple, on peut comparer les dessins des manuscrits d'un Térence du neuvième siècle avec certaines figures du *Roman de Fauvel*, du quatorzième siècle.

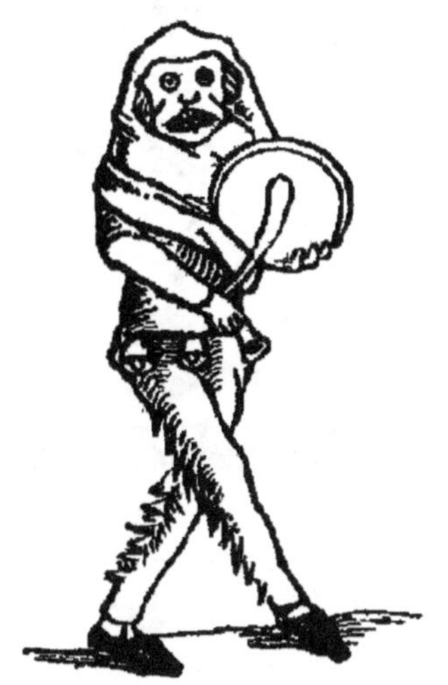

Figure détachée d'une miniature du *Roman de Fauvel* (XIVe siècle).

Il y a là de certains rapprochements curieux à établir avec ces masques d'élément païen ; mais l'inspiration chrétienne, quoique confuse

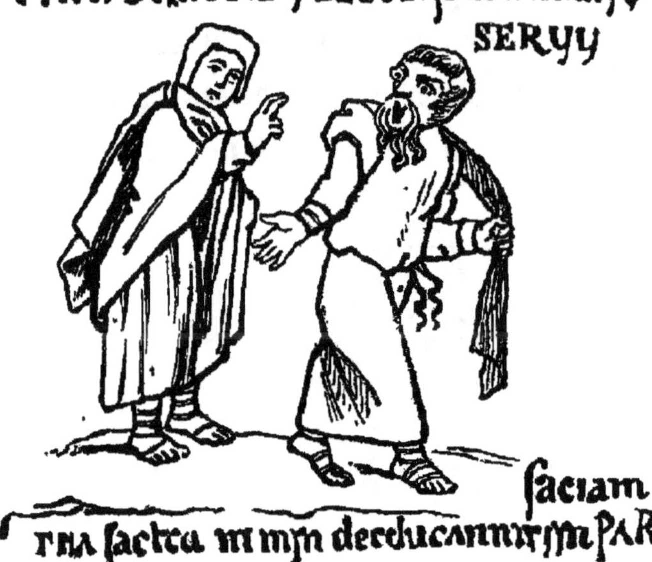

Miniature de Térence
de la bibliothèque du Vatican
(IXe siècle).

au début, se dégagea bientôt de ces ressouvenirs. Les masques des anciens n'influencèrent point les mascarons des édifices gothiques : par une sorte de génération spontanée dont les produits grouillent à l'ombre des monuments comme des vers de terre dans un coin humide, ces larves entassées et informes s'agitent, dressent la tête, remuent la queue, commencent par ramper au pied des statues, et, semblables à de mauvaises herbes, envahissent les sommets les plus élevés des cathédrales; elles n'ont rien de commun avec les manuscrits historiés du poëte latin.

A partir du dixième siècle, un certain développement se fit sentir, marchant vers la réalité qui jusque-là n'avait paru qu'une lueur lointaine. C'est alors qu'il est intéressant de lire la bizarre écriture que traçait le peuple sur la pierre. On démêle les pensées confuses qui emplissent son esprit : terreur, sentiment égalitaire, raillerie qu'exprime une trilogie qui, du moyen âge, va jusqu'à la Renaissance : le Diable, la Danse des Morts, Renart.

De ces héros, qui occupèrent une si grande place dans la poésie et l'art, on peut encore tirer quelques enseignements, quoique aujourd'hui ils semblent archaïques.

Le diable est usé; le peuple n'y croit plus depuis longtemps et les Flamands se raillent de lui qui lui font jouer du violon avec un soufflet de cuisine et une cuillère à pot pour

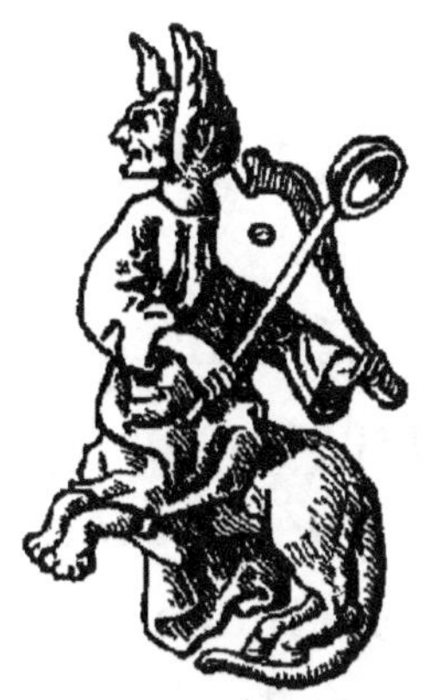

D'aprés un manuscrit flamand de la bibliothèque de Cambrai.

archet. L'esprit moderne l'a dépouillé de sa défroque et de ses accessoires de convention. Au diable le diable!

Il n'en est pas de même de la Danse des Morts; jusqu'à la fin de l'humanité elle restera actuelle, et plus d'un artiste reprendra le thème du grave Holbein.

J'ai beaucoup songé au *Roman de Renart* pendant la guerre de 1870. Dans les manœuvres des Allemands, dans la politique prussienne, je retrouvais le même esprit de ruse qui circule à travers le poëme : on comprend l'enthousiasme excessif qu'excite encore Renart dans l'Allemagne moderne.

III

Dans un ordre inférieur et cher aux archéologues, à commencer par Monteil, qui eût laissé un livre d'un intérêt bien plus considérable, si ses patientes études avaient été éclairées par les dessins et les monuments originaux qui passèrent sous ses yeux, toute une histoire nouvelle est à faire des mœurs et des coutumes et payera de ses efforts celui qui aura la patience de confronter les édifices religieux et civils avec les manuscrits historiés.

On peut se passer de science, comme la vieille dont parle Villon :

Femme je suis, pauvrette et ancienne,
Qui riens ne sçay, onques lettres ne leuz;
Au moustier voy, dont suis paroissienne,
Paradis painct où sont harpes et luz
Et ung enfer ou dampnés sont boulluz.
Lung me fait pour, l'autre joye et liesse.

Toute la vie du passé se déroule vive, claire et animée en sculpture et en peinture. Il ne faut que du temps pour l'y chercher, beaucoup de temps. J'en ai dépensé le plus qu'il m'était possible, en me rendant compte de la bande de *desiderata* que traîne après elle toute œuvre d'érudition.

Ce livre, quelque incomplet qu'il puisse être, présentait des difficultés d'un ordre particulier par la profusion des types qui devaient concourir à son ornementation. L'*Histoire de la caricature et du grotesque dans la littérature et dans l'art*, de Thomas Wrigth, qu'en 1867 MM. Amédée Pichot et Octave Sachot eurent la bonne idée de faire connaître au public français, loin d'alléger ma tâche, la rendit plus compliquée. Le savant archéologue anglais avait donné une telle place, dans son ouvrage, au moyen âge et il avait si particulièrement choisi les motifs caractéristiques de l'époque, qu'il fallut abandonner les meilleurs pour ne pas être exposé à des reproches de plagiat. Je dus donc chercher certains coins omis par un rival redoutable, et la besogne n'en fut pas rendue plus facile; toutefois je me sentais poussé, encouragé par les esprits qui ont soif de science :

« Nous avons en France, en Angleterre, en Allemagne, écrivait l'un d'eux, des savants, des académies entières qui travaillent et qui veillent dans l'espoir de découvrir le sens d'anciens caractères cunéiformes, runiques, etc.; mais aucun de ceux-ci, que je sache, ne s'occupe de déchiffrer la pensée déposée par nos pères dans ces milliers de figures qui étonnent les artistes modernes par leur aspect étrange et leur nature complexe[1]. »

[1] César Daly, *Revue de l'architecture*, 1847.

C'est au public à dire si j'ai rempli une partie de ce programme, si les *sotties* de pierre, que quelques délicats rangent dans la classe des *ineptiarum*, méritaient une étude et la dépense de quelques années.

Paris, 1867-1871..

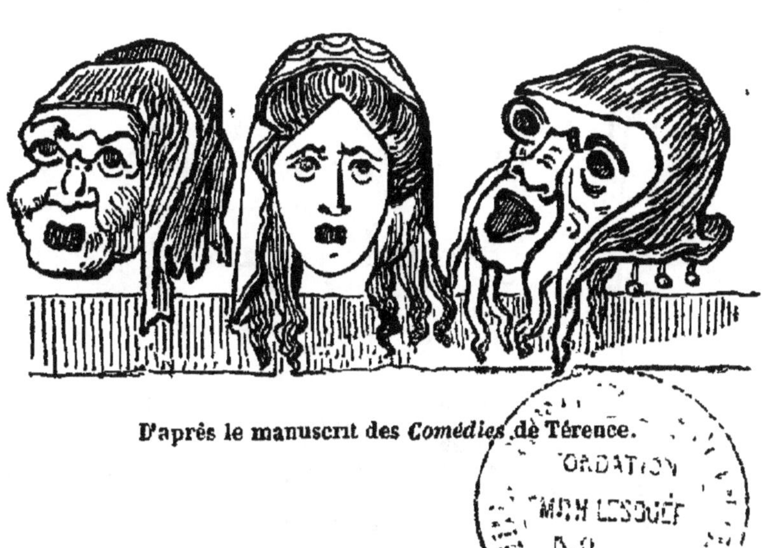

D'après le manuscrit des *Comédies* de Térence.

FONDATION ... LESOUËF N°

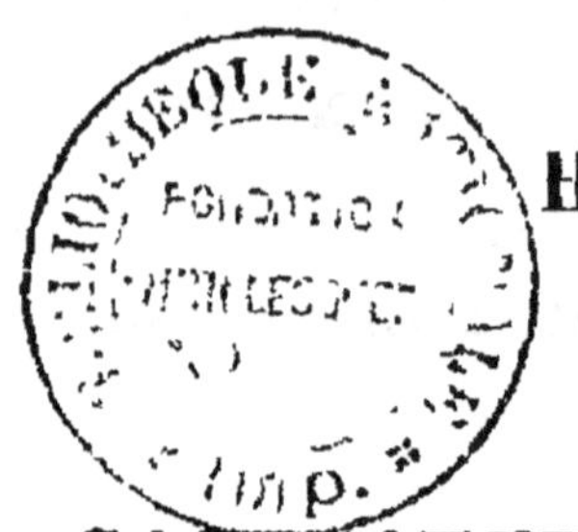

HISTOIRE

DE LA

CARICATURE AU MOYEN AGE

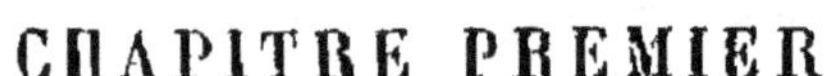

CHAPITRE PREMIER

VANITÉ DU SYMBOLISME

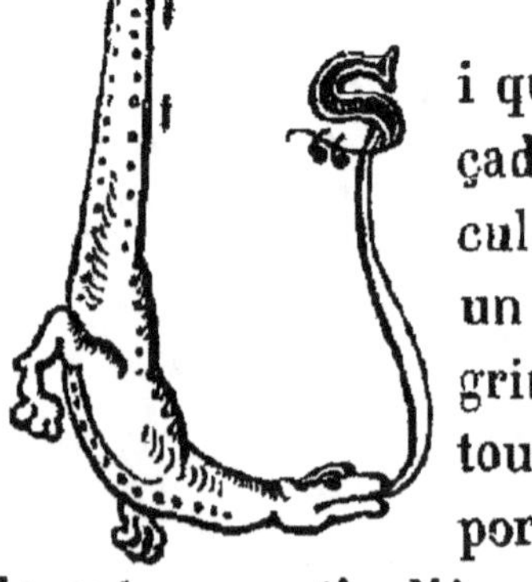

Si quelqu'un a contemplé la façade des édifices consacrés au culte chrétien, sans éprouver un certain trouble en face des grimaces et des railleries de toute sorte accumulées sous les porches, il peut être déclaré de nature particulièrement flegmatique et indifférente. A côté de pieuses statues, dont les belles lignes se reflètent en rayonnements harmoniques pour les yeux, sont des entrelacs de diableries et d'obscénités sans nom. Vices et passions sont représentés avec une grossière brutalité ; la luxure a rejeté tout voile et apparaît nue, bestiale et sans pudeur.

Incompréhensible comme la décoration des monuments égyptiens, cet art de pierre est prodigue de monstres fantastiques, d'horribles gnomes, de larves hideuses enroulant d'étranges nudités, qu'on croirait sculptées au fronton des cathédrales pour tenter les fidèles ; même les Flamands, qui ne brillent pas par la délicatesse, Breughel, Teniers, quoiqu'ils se soient complu à de pareilles conceptions, semblent des raffinés à côté des imagiers du moyen âge.

L'imagination s'égarerait à suivre ces débauches du ciseau, si la science archéologique, qui cherche les secrets de toute pierre ornementée, ne s'était préoccupée à juste titre de ce balbutiement de l'art qui fut le trait d'union entre le dernier souffle de l'antiquité et les élégances de la Renaissance.

Sur cette question, il existe un certain nombre d'ouvrages spéciaux.

L'explication de la symbolique chrétienne fut d'abord le thème sur lequel chaque archéologue brodait à sa fantaisie. Plus tard, la même thèse servit de

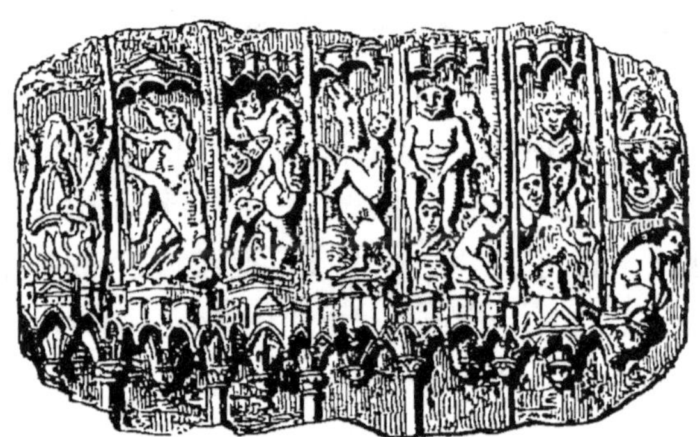

Bas-relief de la voussure du portail de Notre-Dame de Paris
(XIIe siècle).

passe-port à la politique. Les adversaires de l'Église saisirent avec empressement l'occasion de lutter une fois de plus, sur un nouveau terrain, contre des écrivains pieux, mais passionnés : si quelques-uns émettaient des avis sensés et rationnels, d'autres, et ce furent les plus nombreux, firent du symbolisme un prétexte à divagations plus troublantes encore que cet art troublant. Chaque sculpture donna lieu à une controverse animée ; on voulut voir dans de naïfs imagiers des doctrinaires, des libres penseurs. La pierre devint éloquente, plus éloquente souvent que ceux qui lui prêtaient le secours de leur imagination. Elle fut déclarée tour à tour enseignante, pieuse, sceptique, croyante, révolutionnaire et sociale.

Cette argumentation, particulière à notre temps, eut pour résultat de faire négliger l'étude des faits : à bout de raisons, la plume devint fertile en déraisonnements. Et si je viens émettre une fois de plus mon avis à propos de ce dangereux symbolisme excessif, c'est à titre d'homme sans attaches et sans passions politiques ou religieuses, dont la principale foi est la recherche de la réalité.

Malgré la bizarrerie confuse des motifs sculptés du moyen âge, ils offrent souvent trace d'une greffe antique. Dans les peintures des catacombes apparaît l'aurore du culte naissant en face du coucher du soleil du paganisme. Les sirènes, les satyres se mêlent aux figures pieuses, et l'image d'Orphée tient autant de place que celle du Christ.

Le christianisme ayant fait invasion dans l'art romain, l'art romain traverse les Alpes pour lancer sa dernière note au milieu des concerts chrétiens. Comme dans le culte idolâtrique, des monstres et des dragons s'accrochent aux chapiteaux des églises, bâtissent leur nid dans les modillons du portail et troublent la tranquillité d'un symbolisme nouveau que le christianisme avait tenté d'inaugurer dans les catacombes. Aussi, jusqu'au seizième siècle, voit-on en France les saintes femmes marcher en compagnie des sibylles, les chérubins des sirènes, les apôtres des monstres païens, et ce n'est pas seulement sous les portails des églises que ces assemblages hybrides se remarquent : les miniaturistes, moines pour la plupart, se sont plu à reproduire avec leurs pinceaux, dans les livres d'Heures à l'usage des princes et des dignitaires de l'Église, ces alliances profanes et sacrées.

Ce sont les vagues et confuses réminiscences de l'ancien culte, se mêlant aux croyances modernes, qui ont produit une grave confusion chez ceux qui, pour juger l'art, ne remontent pas aux traditions du passé.

L'Église, au début, comprit le danger des deux

langues que la sculpture parlait en même temps. Au cinquième siècle, l'art familier de la décadence se glissant dans le culte nouveau préoccupe saint Nil, qui écrit à Olympiodore :

« Vous me demandez s'il est convenable de charger les murs du sanctuaire de représentations ou figures d'animaux de toute espèce, de sorte que l'on voit sur la terre des filets tendus, des lièvres, des chèvres et d'autres bêtes cherchant leur salut dans la fuite, près de chasseurs qui s'épuisent de fatigue pour les prendre et les poursuivent sans relâche avec leurs chiens ; et ailleurs, sur le rivage, toutes sortes de poissons recueillis par les pêcheurs ? Je répondrai que c'est une puérilité d'amuser ainsi les yeux des fidèles[1]. »

Il faut prêter attention aux recommandations du saint personnage : *C'est une puérilité*, dit-il, *d'amuser ainsi les yeux des fidèles*. De telles paroles ont une portée que les partisans du symbolisme *à outrance* devraient méditer, et si on y ajoute les graves réprimandes que, sept siècles plus tard, saint Bernard fit entendre à ceux qui avaient pour mission d'ordonner l'ornementation des églises, alors les pompeuses déclamations de nos jours, ruinées par de telles preuves, tombent comme de vieux plâtras.

Du sixième au quinzième siècle, l'art sculptural

[1] *Maxima Bibliotheca Patrum*, t. XXVII. p. 323.

devient encore plus hiéroglyphique : il portait la défroque de tuniques anciennes, il s'en dépouille pour arborer des couleurs apocalyptiques.

Ce sont des corps humains surmontés de têtes d'animaux, des êtres de nature équivoque, des

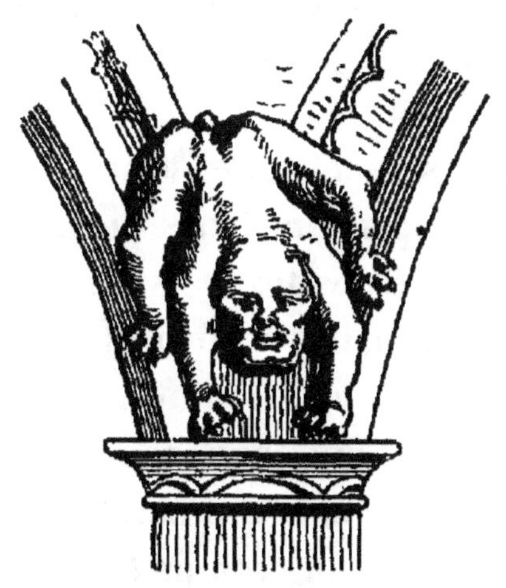

Chapiteau de l'abbaye de Saint-Benoit-sur-Loire (XIe siècle).

diables soufflant à plein gosier le feu sous d'énormes chaudières, des damnés emportés par des chevaux fougueux, des femmes dont les parties sexuelles sont dévorées par des démons, des animaux prêchant en chaire, de sauvages cavaliers traînant à la queue de leurs chevaux des malheureux dont le ventre déchiré laisse passer les entrailles, des dragons dont la gueule grimaçante vomit l'eau des gouttières, des singes couverts de frocs, des têtes d'hommes demi-fous, demi-prêtres, de grandes dents et de plus grandes bouches encore qui avalent des gens tout entiers, des bêtes touchant de l'orgue, des faunes grimaçants qui narguent les fidèles, des victimes que des démons empalent sur de longues broches, des ânes qui braient en pinçant de la lyre.

Saint Bernard, alors abbé de Clairvaux, ému de cette licence de l'art, écrit à Guillaume, abbé de Saint-Thierry :

« A quoi servent, dans les cloîtres, sous les yeux des frères et pendant leurs pieuses lectures, ces ridicules monstruosités, ces prodiges de beautés difformes ou de belles difformités? Pourquoi ces singes immondes, ces lions furieux, ces monstrueux centaures, ces animaux demi-hommes, ces tigres tachetés, ces soldats qui combattent, ces chasseurs qui sonnent de la trompe? Ici une seule tête s'a-

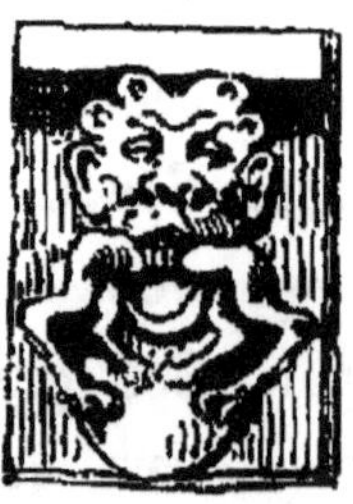

Modillon de l'église de Poitiers.

dapte à plusieurs corps : là, sur un seul corps, se dressent plusieurs têtes. Tantôt un quadrupède porte une queue de serpent, tantôt une tête de quadrupède figure sur le corps d'un poisson. Quelquefois, c'est un monstre avec le poitrail d'un cheval et l'arrière-train d'une chèvre. Ailleurs, un animal cornu se termine en croupe de cheval. Il se montre partout enfin une variété de formes étranges si féconde et si bizarre, que les frères s'occupent plutôt à déchiffrer les marbres que les livres et passent des jours entiers à contempler toutes ces figures, bien mieux qu'à méditer sur la loi divine... Grand Dieu! si vous n'avez honte de semblables inutilités, comment au moins ne pas regretter l'énormité de la dépense[1]! »

Personne n'a donné une idée plus nette de ces bizarreries de la pierre que saint Bernard; personne n'en a mieux démontré l'inutile caprice; aussi sa trop exacte description a-t-elle contrarié certains archéologues qui, cherchant à faire plier les faits à leurs doctrines, croient naïvement ranimer la foi par de certaines explications des figures qui, à juste titre, préoccupaient l'abbé de Clairvaux.

« Saint Bernard, mal compris dans un passage de ses écrits, lu beaucoup trop rapidement, fut vengé par un de nos contradicteurs, » dit l'abbé Aubert[2].

Que dans un congrès archéologique, alors qu'un

[1] Ceci, il ne faut pas l'oublier, est écrit au douzième siècle.

[2] *Considérations sur l'histoire du Symbolisme chrétien*, par l'abbé Aubert *Bulletin monumental*, 1857

orateur n'a pas les textes sous la main, il s'exprime ainsi, cela se comprend; mais l'admonestation de saint Bernard est d'une clarté à désespérer les ergoteurs, et, à moins de nier l'authenticité de ce document, il est positif que l'abbé de Clairvaux ne voyait dans ces sculptures que ce qui s'y trouvait, c'est-à-dire des caprices sans *utilité* pour les esprits véritablement pieux. Plus importante encore que celle de saint Nil, l'attestation de saint Bernard éclaire l'archéologie et prouve qu'une certaine indépendance était laissée aux tailleurs de pierre.

Le prétendu symbolisme religieux se résume donc en deux questions :

1° Ces sculptures bizarres étaient-elles commandées par l'Eglise comme exemple et châtiment des vices?

— Non, répondent saint Nil et saint Bernard, de telles sculptures n'avaient pas qualité de symboles: l'Eglise laissait faire sans y prendre garde.

2° Ces sculptures étaient-elles caprices d'ouvriers qui se raillaient de ceux qui les faisaient travailler?

— Oui, répondent les archéologues sans attaches, les tailleurs de pierre faisaient le plus souvent preuve de raillerie contre le clergé [1].

[1] Cette dernière affirmation a paru si grave à certains érudits, qu'un savant jésuite, le P. Cahier, qui a consacré sa vie à des études archéologiques, m'écrivait : « Je m inscris en faux contre la représentation

Pour éclairer la question, il faut donner quelques détails sur la fondation des églises et l'enseignement prêché aux ouvriers.

Les hagiographes du moyen âge nous apprennent que lorsque des abbés faisaient construire des églises dans leur monastère, ils appelaient, le soir, les peintres et les sculpteurs à la lecture pour leur donner connaissance des actes des saints et des martyrs qui devaient servir à leurs compositions. C'était une ancienne coutume. Grégoire de Tours parle de la femme de saint Namatius, neuvième évêque de Clermont, qui, faisant bâtir au cinquième siècle l'église Saint-Etienne (aujourd'hui Saint-Eutrope), lisait aux peintres les légendes des saints. Le *maître de l'œuvre*, c'est-à-dire le chef de l'entreprise, habituellement prêtre ou moine, dépendait de l'abbé dirigeant lui-même les travaux sous l'inspection de l'évêque, celui d'entre tous qui connaissait le mieux l'exégèse et semblait le plus capable de l'interpréter.

Mais un esprit nouveau souffla à partir du onzième siècle. Des fabliaux satiriques circulèrent, qui étaient les « petits journaux » du temps, et si

des moines que vous prétendez voir dans bien des sculptures du moyen âge. Tout le monde alors portait le capuchon : il s'agit d'établir si tous les gens encapuchonnés comptaient pour des moines. Je me charge de prouver le contraire. » Par l'ensemble des preuves gravées dans ce volume, le lecteur jugera de quel côté se trouve la vérité.

les ouvriers écoutaient le soir une lecture, ce n'était pas tant alors la vie des saints ou des martyrs, que des gausseries rimées qui répondaient mieux à l'esprit populaire.

La plupart des grandes basiliques de France furent bâties entre le douzième et le treizième siècle, alors que des confréries maçonniques remplacent les confréries monacales. Le règne de l'ogive commence, et le style ogival, comme on l'a fait remarquer, est le signe de la prise de possession de l'architecture religieuse par les laïques; or, ces confréries maçonniques, livrées à leur propre gouverne, appliquèrent dès lors à l'art ornemental le caprice de leur imagination, et si un vague symbolisme traduisait les vices et les passions, ce n'était plus le *symbolisme prémédité* des premiers constructeurs d'églises.

Toutefois, je ne prétends pas faire de ces ouvriers des *penseurs*, des *révoltés*, des *révolutionnaires*, mots de convention dont on a un peu trop abusé.

Ces tailleurs d'images avaient une idée de l'enfer et des vices qui y précipitent; naïvement, en traits grossiers, ils inscrivaient sur pierre la représentation de ces péchés et de leur châtiment, obéissant en outre aux croyances populaires du moment et aux prédictions qui avaient cours.

En l'an 1000, l'Europe tout entière crut aux prophéties de la fin du monde, basée sur une interprétation d'un passage de l'Apocalypse. Le jugement dernier semblait proche. L'Eglise fit tourner ces terreurs à son profit ; de nombreux prédicateurs prirent pour thème la fin prochaine du monde, et remplirent d'épouvante par une éloquence foudroyante, les esprits timorés. Ces croyances et ces

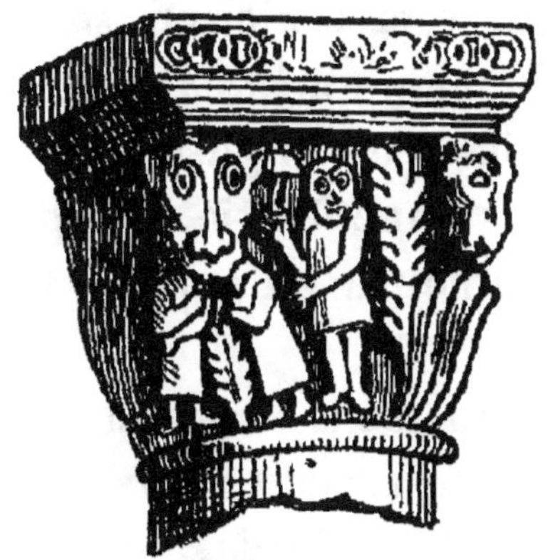

Chapiteau de l'église Saint-Georges de Bocherville (Normandie).

terreurs se retrouvent encore sur la plupart des cathédrales du onzième siècle, traduites en scènes bizarres par les ciseaux des tailleurs de pierre.

Ce qui n'empêchait pas l'esprit satirique d'interpréter par des caprices les poëmes que les sculpteurs avaient lus ou qu'on leur contait. Témoin la légende de *Renart*, qui, jusqu'à la Renaissance, joue un si grand rôle dans les détails de l'ornementation architecturale.

J'ai dit, dans de précédentes études, que l'Eglise, se sentant forte, ne craignait pas ces railleries, plus violentes d'ailleurs contre les moines que contre le culte. L'Eglise ne pouvait prévoir les assauts qui, depuis, ont plissé le front de ses dignitaires et l'ont rendu soucieux.

Certains prélats d'alors avaient l'esprit plaisant et ne le cachaient pas, à s'en rapporter à un sceau du treizième siècle qui représente un *singe encapuchonné*, tenant à la main un *bâton abbatial*.

— Satire contre les gens d'Église, dira-t-on.

Ce n'est pourtant qu'une facétie d'un prêtre railleur, le cachet imaginé par un abbé de bonne humeur.

Le sceau fut commandé à un graveur par Guy de Munois, abbé de Saint-Germain d'Auxerre, de 1285 à 1309, avec la légende: *Abbé de singe air main d'os serre*. Tel était l'esprit du temps. Un *abbé* avait l'esprit assez gai pour se laisser représenter en *singe*, sans que son mandat perdît de son autorité.

Si tous les monuments étaient aussi clairs, on eût évité bien d'inutiles discussions[1].

[1] Un sceau en bronze à peu près semblable fut trouvé au dix-huitième siècle dans les démolitions de l'ancien château de Pinon en Picardie. Un singe en vêtement épiscopal, tenant une crosse à la main, est représenté avec cette légende : LE : SCEL : DE : LEVESQUE : DE · LA : CYTÉ : DE : PINON.

Faut-il chercher dans cette légende un des *rébus de Picardie*

Il y eut cependant parfois symbolisme de la part des confréries maçonniques, et un archéologue aussi distingué que modeste l'a prouvé dans une étude claire et précise, qui fait oublier le fatras dont on a rempli des volumes.

si communs à cette époque? doit-on y voir la représentation d'un évêque des Fous? y a-t-il là quelque satire contre un dignitaire de l'Église? Un archéologue a prétendu que ce sceau sati-

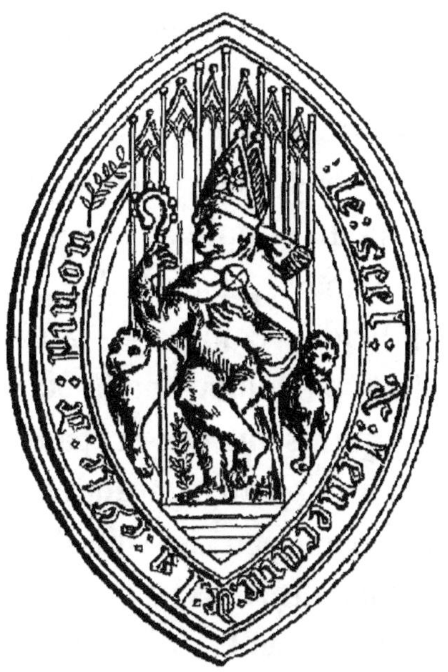

Sceau trouvé au château de Pinon.

rique avait été placé en vue tout exprès par un huguenot sur la dernière pierre du château de Pinon, sur le point d'être pris par les catholiques. Le huguenot aurait ainsi raillé ses ennemis, même après la défaite de son parti. Le sceau de l'abbé de Saint-Germain d'Auxerre témoigne qu'il n'est pas besoin de se creuser si profondément la cervelle.

« Et ces figures hideuses, monstrueuses, sans nez, sans mâchoires, cornues, disloquées, déchirées par des mains railleuses ou désespérées, — symbole. On y verra, si l'on veut, l'image de l'esprit du mal, ou la personnification des vices et des impuretés de l'homme. L'Église aura essayé d'effrayer par la laideur du mal ceux qu'elle ne pouvait toucher par la beauté du bien. Quelquefois aussi elle aura voulu donner une idée des tourments des damnés, de la rage et des grincements de dents des pécheurs.

« L'allégorie deviendra plus saisissable encore quand certaines circonstances accessoires viendront expliquer la cause du supplice;

« Quand le gourmand, sous la forme d'un porc, sera muselé et bridé, comme à Chef-du-Pont et Octeville, dans le département de la Manche;

« Quand des serpents ou des crapauds s'attacheront aux seins ou aux parties génitales de la femme impudique, comme on peut le voir dans beaucoup d'églises et au Musée du Mans;

« Quand d'autres serpents s'élanceront sur l'avare affaissé sous le poids de la grande bourse qui pend à son cou, comme cela est représenté à Saint-Marcouf, à Tallevart, à Foncarville, à Sainte Marie-du-Mont (Manche);

« Quand le paresseux, presque nu, se soutiendra

à grand'peine sur les bras de deux personnes, comme il est sculpté à Saint-Marcouf;

« Quand l'ivrogne se plongera tout entier dans son tonneau, comme à Sainte-Marie-du-Mont[1]. »

De tels exemples sont innombrables à recueillir sur les monuments gothiques; mais de là à croire aux règles et aux formules des anciens hagiographes, tels que le fameux Guillaume Durand, dont la symbolique excessive a jeté tant de trouble dans des cerveaux mal équilibrés, il y a loin.

Tout a sa signification, suivant Guillaume Durand, dans les objets employés à l'édification des églises.

Les *pierres* représentent les fidèles.

La *chaux* qui entre dans le *ciment* reliant chaque pierre est l'image de la charité fervente; elle se mêle avec le *sable* en témoignage des « actions entreprises pour le bien temporel de nos frères. »

L'*eau* qui mélange la *chaux* et le *sable* est l'emblème de l'Esprit-Saint. « Et comme les *pierres* ne peuvent adhérer ensemble sans *ciment*, de même les hommes ne sauraient entrer sans la charité dans la construction de la Jérusalem céleste[2]. »

Et on commente encore aujourd'hui un tel sym-

[1] *Observations sur le Symbolisme religieux*, par M. de la Sicotière.

[2] Guillaume Durand, *Rationale divinorum officiorum*, 1459

bolisme, et on en glose; il existe une classe d'archéologues qui en font leur nourriture habituelle, et voudraient donner comme actes de foi ces significations prétendues théologiques ; on affirme qu'une telle langue figurative était comprise de tout le moyen âge, et cette iconographie prétendue hiératique est érigée en symbolisme chrétien et dogmatique !

Ailleurs les portails sont appelés les *cathéchismes moraux des emblèmes;* dans les gargouilles fantastiques du moyen âge on veut voir « l'emblème des esprits malins qui se retirent des murs sacrés[1]. »

J'admets le caractère précis de l'*Explet de la pérégrination humaine*, compilé par frère Guille de Guyeville, en 1331. Chaque péché capital, décrit avec ses attributions, est dessiné sur les marges du manuscrit. Ainsi l'*Orgueil* porte un *soufflet;* les serpents rongent certaines parties du corps des luxurieux : ces figures emblématiques représentent les vices. Par de telles représentations, qui se rapprochent des visions de Dante, Guille de Guyeville montre des malheureux entourés de flammes et de crapauds, « et autres vermines nuisens, » qui s'at-

[1] Voy. le livre de MM. J. Mason Neable et Benj. Webb, *du Symbolisme dans les églises au moyen âge*, avec introduction par l'abbé Bourassé. Tours, Mame, in-8, 1857.

taquent à des gens ayant vécu « très luxurieusement[1]. »

Mais je ne croirai jamais que l'ogive soit la représentation de la Trinité, et les symbolisateurs qui interdisent l'emploi de l'ogive au culte protestant me semblent encore plus excentriques qu'intolérants[2].

On voit à l'église de Poitiers des modillons qui offrent un amalgame singulier, au milieu duquel se remarquent Jésus-Christ, des animaux musiciens, les quatre évangélistes, des monstres grimaçants,

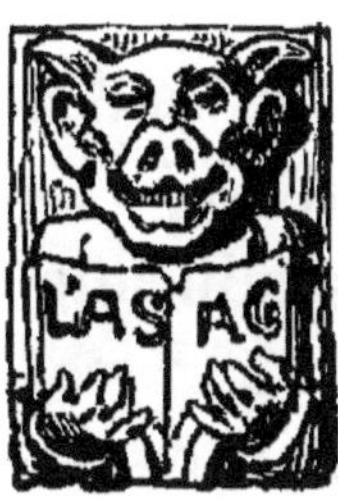

Modillon de l'église de Poitiers.

David jouant de la harpe, de grotesques mascarons, le pape, etc. Un homme d'esprit se plaignait que la

[1] Manuscrit de la Bibliothèque de Metz.

[2] MM. Mason Neable et Webb n'admettent pas qu'un « architecte catholique dessine une triple fenêtre, emblème reconnu de la très-sainte Trinité, » pour une secte dissidente. C'est, disent ces catholiques anglais fanatiques, « prostituer l'architecture parlante de l'Église, » que de la « mettre au service de ses ennemis les plus acharnés. »

langue allemande fût parlée par les Allemands. Il est fâcheux que ces sculptures se trouvent à Poitiers : elles ont donné naissance dans le pays à une école de symbolisateurs *à outrance* qui en font une question de dogme. A leur tête marche un certain abbé Aubert, qui va partout prêchant la croisade contre les archéologues qui ne sont pas de son opinion. Qui discute les doctrines de l'abbé Aubert est déclaré répudiant « un spiritualisme incompris » et « embrouillé dans la matière. » Mécréants les savants, les écrivains qui ne se rangent pas sous sa bannière. Naturellement, l'abbé Aubert a recruté de nombreux partisans.

A propos des caprices fantastiques et des modillons de l'église de Poitiers, « l'abbé Aubert a acquis la *certitude* de leur signification symbolique, » dit M. de Bastard.

M. de Bastard étant un sectateur du symbolisme à outrance, je le laisserai parler d'abord, je discuterai ensuite.

« Jusqu'ici, dit-il, les modillons ont été traités par les antiquaires avec un mépris que ces figures ne méritent certainement pas. Il importe beaucoup de dissiper l'obscurité qui les couvre et de soulever ainsi, en les rapprochant les uns des autres, le voile qui cache la signification de sculptures nombreuses, éminemment symboliques, où le sacré se mêle au profane, où le sérieux est opposé au burlesque, et quelquefois la moralité à l'obscénité. Tout en reconnaissant dans ces ornements architectoniques une transmission de l'antiquité grecque et romaine, tout en convenant de l'ignorance probable, en fait de symbolique chrétienne, de beaucoup d'imagiers, il semble impossible d'admettre que les représentations où les figures, l'attitude et les gestes nous paraissent grotesques et indignes de la majesté d'un temple du Très-Haut, puissent être mises en bloc à la charge du caprice de l'artiste ; on se refuse à croire qu'une intention mystique n'ait pas présidé à une œuvre tant de fois répétée dans le monde catholique, durant le cours de plusieurs siècles. »

M. de Bastard, cherchant l'analogie entre les miniatures des manuscrits et les caprices des modillons, produit, comme pièce de conviction, une vignette tirée d'un livre d'Heures manuscrit de la fin du treizième siècle.

« Une longue expérience, ajoute-t-il, nous a donné cette conviction que les figures marginales, fort souvent inspirées par la lecture de la page même, *peuvent lui servir de commentaires ;* souvent aussi, les passages relatifs aux miniatures, *si l'on sait les trouver*, nous révèlent à leur tour la pensée dominante du peintre au moment de son travail ; et, en se laissant guider par l'analogie, on arrive à l'explication des êtres fantastiques qu'une intention pareille a fait prodiguer sur les modillons des églises. Il n'est pas rare, en effet, de rencontrer dans les livres liturgiques des compositions également bizarres et monstrueuses ; *il suffit d'un mot bien compris*, d'un *rapprochement inattendu* du texte et des figures, pour conduire le lecteur *sur la voie du symbole sculpté*, là où il n'avait cru voir qu'un grotesque insignifiant. »

Cette confrontation des monuments divers paraît rationnelle. Miniatures, plombs, sculptures, poteries et serrurerie d'une époque se tiennent par les liens de l'ornementation. L'archéologue ne saurait trop voir pour se meubler l'esprit des formes favorites d'un siècle, et, théoriquement, M. de Bastard fait preuve de sens archéologique ; cependant voyons l'application.

Dans un livre d'Heures du treizième siècle, M. de Bastard est frappé par une miniature qui représente un homme décochant un trait d'arbalète à un limaçon.

« On serait assurément tenté, dit-il, de prendre d'abord notre groupe pour quelqu'une de ces créations bizarres qui ne méritent aucune attention sérieuse. »

Pourtant, M. de Bastard n'hésite pas à regarder

le caprice ci-dessous « comme le symbole du martyre et du triomphe de celui qui, le premier, a souffert la mort pour Jésus-Christ et pour l'Évangile. »

Dans la figure d'un homme décochant un trait

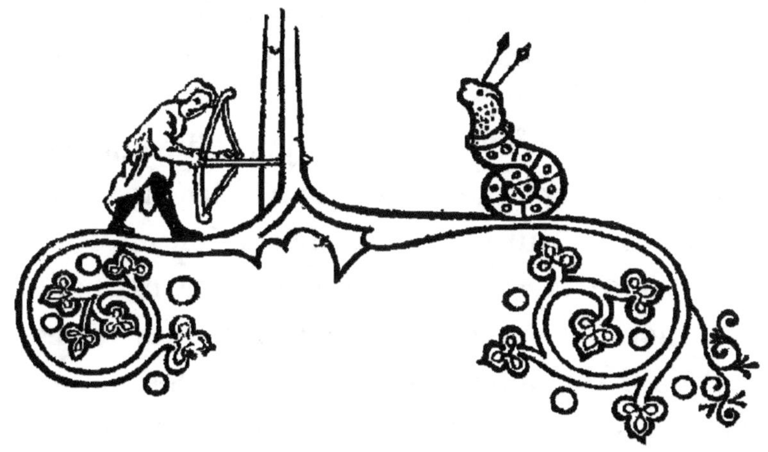

Caprice tiré d'un manuscrit du XIIIe siècle de la Bibliothèque impériale d'après un dessin de M. de Bastard.

d'arbalète contre un limaçon, M. de Bastard voit une « figure *certainement relative à la résurrection.* »

Voilà pourquoi l'archéologie est muette!

S'il faut admettre qu'un miniaturiste, se laissant aller à un caprice ornementatif, a dessiné un limaçon comme symbole du Christ, pourquoi ne pas croire avec Guillaume Durand que :

« La *longueur* de l'église est la longanimité qui supporte patiemment l'adversité, en attendant de parvenir à la patrie céleste ; »

Que « la *largeur* est l'amour, la charité agrandissant le cœur, et embrassant les amis et ennemis de Dieu ; »

Que « la *hauteur* est l'espérance du pardon à venir ; »

Que « les *solives*, sous la table du toit, sont les *prélats* qui, par le travail de la prédication, entretiennent la clarté. »

Ces subtilités scolastiques, ces jeux d'imagination des moines, s'expliquent à peine au treizième siècle ; mais les faire entrer dans la discussion en 1860, voilà, malgré la sympathie que je porte aux belles publications de M. de Bastard, des principes symboliques qu'il est difficile d'admettre comme notions architecturales. Pourquoi ne pas croire également avec Claude Villette, que :

« Les vitres des fenêtres des églises sont les escriptures qui reçoivent la clarté du soleil en repoussant vents, neiges, grêles, hérésies et fausses doctrines que le père de division et mensonge forme ;

« Les barreaux de fer et clavettes qui soutiennent les vitres sont les conciles généraux œcuméniques, orthodoxes, qui ont soutenu les Escriptures sainctes et canoniques, etc. ;

« Les deux colonnes estroites de pierre qui soutiennent et vitres et barreaux, sont les deux préceptes de charité chrestienne : Aimer Dieu et le prochain ;

« La longueur des fenêtres des églises montre la profondité et obscurité de l'escriture, etc. ;

« La rondeur montre que l'Eglise ne se contredira point, etc.[1] ».

Faut-il apprendre aux élèves de l'Ecole des beaux-arts cette signification des vitres, des barreaux et des clavettes qui les retiennent ?

Voici une miniature fort bizarre d'un très-beau livre d'Heures du quinzième siècle. Le sujet en est cru en apparence et frise l'obscénité Qu'on tourne la page et on voit de pieuses peintures. Combien pourrait-on épiloguer à propos de la diversité de ces sujets ?

Pour ramener les choses à leur véritable signification, cette miniature est la symbolisation du froid au mois de février. Un brave bourgeois et sa femme se chauffent au foyer. Rien autre chose. Seulement la pudeur du quinzième siècle n'était pas celle du dix-neuvième.

Il faut citer encore d'autres curieux détails de ce symbolisme effréné.

Sur le jubé de Saint-Fiacre, une église du Morbihan, on voit un bas-relief représentant les entre-

[1] Claude Villette, *Raisons de l'Office*. Paris, MDCXI.

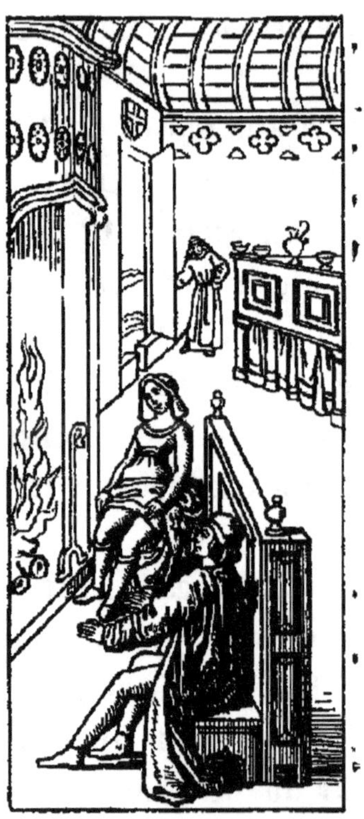

Miniature d'un livre d'Heures manuscrit
du xve siècle.

prises du Renard[1]; du haut d'un donjon il guette

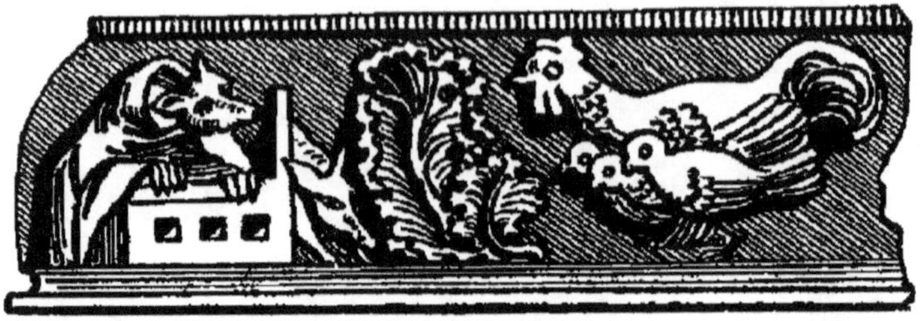

Premier fragment d'un bas-relief du jubé de l'église Saint-Fiacre au Faouet (Morbihan).

les poules et se jette sur elles, quand elles sont à sa portée; naturellement les poules se défendent de

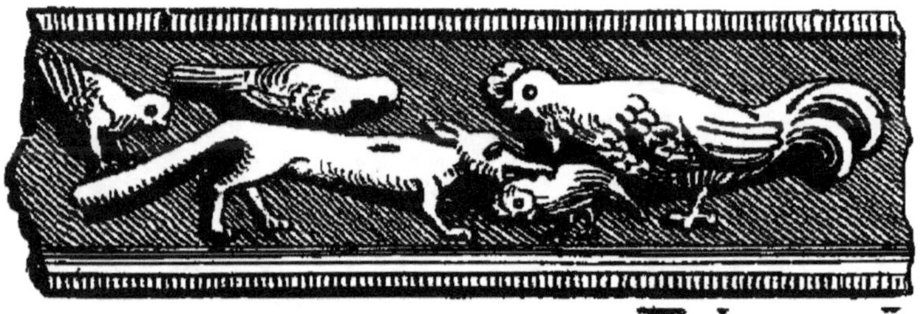

Deuxième fragment du même bas-relief.

leur mieux contre le renard. Pour conclusion, le Goupil, renversé, semble éventré par les poules.

M. l'abbé Cousseau voit dans ces sculptures la traduction du passage de l'Ecriture: « Défiez-vous des faux pasteurs qui sont des loups ravissants revêtus de la peau des brebis. Les brebis, ajoute-t-il,

[1] Le sculpteur de Saint-Fiacre au Faouet a traduit sur la pierre une variante du *Roman de Renart;* on en trouvera d'autres reproductions découlant plus directement du poème dans le chapitre consacré spécialement à Renart.

ont plus fait que de se méfier du faux pasteur, elles l'ont démasqué et vaincu [1]. »

Une telle interprétation des Écritures offre sans doute un côté ingénieux; mais l'explication du bas-relief de l'église Saint-Fiacre se trouve ailleurs.

Richard de Fournival et Guillaume le Normand, dans leurs *Bestiaires*, relatent que le renard a l'habitude de contrefaire le mort pour attirer les poules et s'en emparer plus facilement. L'auteur du *Roman de Renart* a mis de son côté la même action en scène. Cette observation des mœurs des animaux ne vaut elle pas bien l'imagination de l'abbé Cousseau, qui voit dans le bas-relief « *le triomphe de la foi sur l'hérésie?* »

[1] *Bulletin monumental*. 1847.

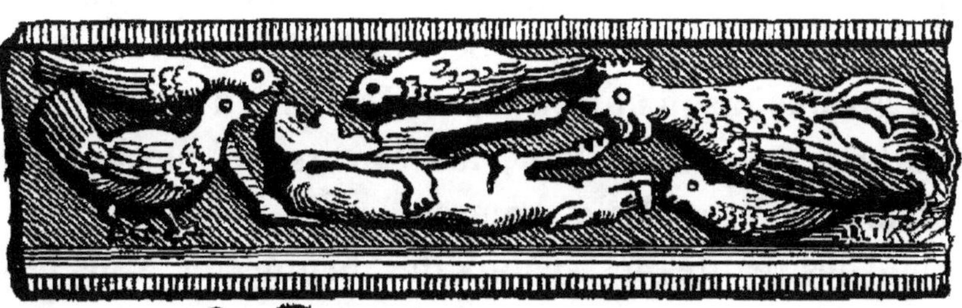

Troisième fragment du bas-relief de l'église Saint-Fiacre au Faouet.

CHAPITRE II

LES ANIMAUX MUSICIENS

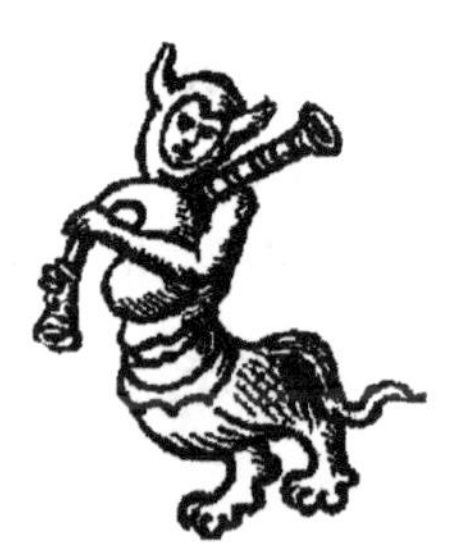

Elle est claire l'influence de Pline et des naturalistes de l'antiquité sur certaines sculptures du moyen âge dont on a cherché le sens vainement ailleurs. Qu'on se rappelle les peuples à têtes de chien, ceux dont le nombril est remplacé par un œil et autres monstruosités auxquelles Pline, trompé par les récits des voyageurs de son temps, accorde gravement croyance. De telles légendes eurent cours en Europe jusqu'au seizième siècle; les aventuriers qui revenaient de loin, les esprits chimériques, même un Marco Polo, homme de bonne foi, prirent pour des réalités les visions des brumes et, sous le coup des récits des naturalistes de l'antiquité, ravivèrent ces traditions tératologiques en y joignant à l'appui des images bizarres.

Ces étrangetés étaient admises par le peuple; et

comme les esprits étaient particulièrement frappés par la pompe des habits sacerdotaux des dignitaires de l'Eglise, les matelots, gens pieux pour la plupart, se souvenant dans leurs voyages des hommes qui peut-être les avaient bénis, soudaient de religieux souvenirs à ceux de monstres maritimes inconnus.

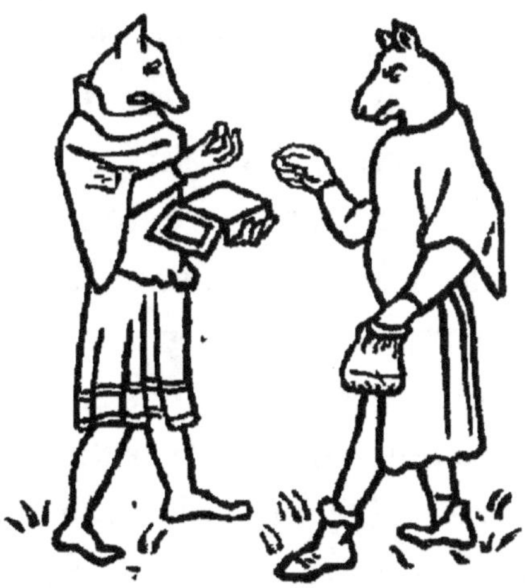

Les habitants de l'isle de Seilan. Voyages de Marc-Paul, miniature du manuscrit des *Merveilles du Monde* (1336), Bibliothèque impériale.

Au seizième siècle, on croyait au poisson-évêque, c'est-à-dire à un animal marin revêtu des principaux ornements épiscopaux : mitre, camail[1].

[1] On trouve cette figure gravée dans nombre d'ouvrages; ainsi dans Descerpz, *Recueil de la diversité des habits*, sous la gravure on lit :

La terre n'a evesque seulement
Qui sont par bule en grand honneur et tiltre ;
L'evesque croist en mer semblablement
Ne parlant point, combien qu'il porte mitre.

Si la Renaissance accepta de pareils faits, combien furent plus développées et plus robustes au moyen âge les croyances de même nature! Non-seulement elles avaient cours dans le peuple, mais parmi les hautes classes. Les moines, en appelant les animaux fantastiques à contribuer à l'ornementation des manuscrits, prouvent qu'eux aussi, quoique les plus lettrés de la nation, laissaient volontiers courir leur imagination vers des êtres chimériques auxquels de vives couleurs et une exécution patiente ajoutaient un caractère de réalité.

On conserve à la bibliothèque de Poitiers un manuscrit où sont représentés des lévriers à tête d'aigle, des chimères mi-scorpion, des sauterelles à tête d'oiseau d'où sortent des défenses de sangliers. L'analogie avec le bestiaire fantastique de l'antiquité est frappante. Dans un autre manuscrit de la bibliothèque du séminaire de la même ville, on voit un loup à cheval sur un coq, poursuivant une grue effarée, qui fait penser à certaines pierres gravées antiques de la décadence[1]. Ces motifs décoratifs, quoique retournés sous toutes leurs faces par les commentateurs, sont restés inexpliqués.

La pénurie intellectuelle de la plupart des artistes étonne comme l'absolue sincérité chez l'homme.

[1] Voy. mon *Histoire de la Caricature antique*. 1 vol. in-18. Dentu. 1868.

On veut voir plus de complication dans les arts, plus de motifs cachés dans les actes d'un caractère droit.

Je tiens ces peintures de manuscrits pour de simples caprices se rattachant à de confuses légendes.

L'enfantement de l'art est obscur comme la création. Ce sont d'abord des sortes de larves grouillant sur les sculptures des temps confus qui précèdent le moyen âge, pour être suivies jusqu'à la Renaissance d'un excès de développement hybride et monstrueux. Le rêve alors a plus de part ornementative que la réalité ; les croyances fantastiques, grimpant sur le corps des observations qu'elles étouffent, laissent une impression semblable à celle d'un cauchemar : de l'élément chrétien soudé à l'élément païen s'échappent des courants ennemis qui se combattent et ne peuvent se fondre en un seul. Monstres fantasmagoriques, gnomes et démons rampent au onzième siècle, en attendant que, sous le coup de la révolution artistique, ils se transforment aux siècles qui suivront.

Après les monstres vinrent les animaux imitant certaines actions de l'homme : des truies, des sangliers, des ours, des singes et des ânes jouant de l'orgue, de la vielle, du biniou, de la viole.

Dans ces caprices appliqués au fronton des églises, le reflet de l'art égyptien et de l'art romain est visible. Sur les papyrus du musée de Turin comme sur les pierres gravées de la décadence romaine, les animaux singent l'homme et se font musiciens.

Ces animaux, introduits dans l'art chrétien, comprennent certains groupes, tels par exemple que le chapiteau de l'église de Meillet, où se voit un lion jouant de la viole, tandis qu'à côté un âne pince de la lyre; à la même classe appartiennent les sculptures de l'église de Vézelay, le singe jouant du violon en face d'un âne qui tient dans ses pattes un cahier de musique.

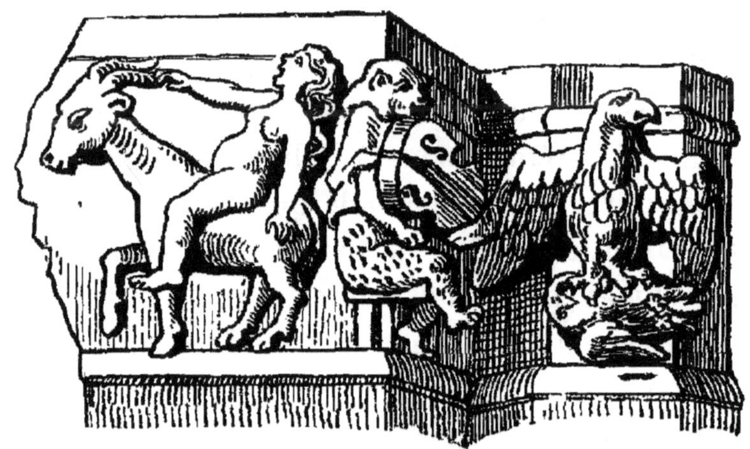

Chapiteau de la cathédrale de Magdebourg.

Je donne, d'après Otte[1], une femme nue assise sur un bouc, non loin d'un aigle tenant un hibou dans ses serres, drame bizarre qui a pour orchestre un singe jouant d'une sorte de vielle.

[1] *Manuel de l'archéologie de l'art religieux au moyen âge* 1854, in-8

Les Bibles historiales, les Heures latines manuscrites de nos bibliothèques doivent être consultées à ce sujet; sur chaque feuillet des animaux de toute espèce, chats, rats, loups, renards, ours, s'ébattent en compagnie de fous, et il n'est pas rare de trouver un *De profundis* ou un *Miserere* encadré entre des singes et des figures grotesques.

Dans la même série peuvent être classés la truie qui joue de la vielle, de l'église Saint-Sauveur à Nevers; la truie qui file, représentée sur un chapiteau de l'église de Chalignac (Charente); le porc qui joue du biniou, sur le portail de l'église de Ploermel; les cochons ou boucs tenant un violon, comme il s'en rencontre à la cathédrale de Rouen et à l'église d'Aulnay (Charente-Inférieure); le sanglier touchant de l'orgue, tandis que son compère, de la même famille, fait mouvoir les soufflets. On joindrait à ces représentations le chien qui pince de la harpe de la cathédrale de Poitiers, l'ours jouant de la viole du même monument, le singe qui, sans pincer les lèvres, sonne de la trompette, de la chapelle du château d'Amboise[1], et enfin les nombreux

[1] « Au-dessus de l'autel de la chapelle du château d'Amboise, un singe embouche la trompette, et nous ne sommes pas assez hardis pour dire de quelle manière ce sale musicien tire les sons de son instrument. » (Gustave Brunet, *Sculptures des monuments religieux du département de la Gironde.*)

ânes qui s'accompagnent de la harpe ou de la lyre, sculptés sur tant d'édifices religieux.

Un archéologue distingué disait à propos de semblables figures : « Certains ménages de basse-cour offrent l'image de la plus édifiante harmonie; tandis que la truie file en allaitant ses petits, le porc touche de l'orgue pour récréer son intéressante famille.

« Il n'est pas rare non plus de rencontrer des ours danseurs, des singes joueurs d'instruments, des guenons travaillant avec la quenouille ou le fuseau.

« Quand on cherche le sens de toutes ces figures bizarres, on éprouve souvent un embarras extrême à faire la part du caprice et de la fantaisie, en réservant celle qui appartient soit au symbolisme sérieux, soit à la satire ou à la caricature[1]. »

De symbolisme sérieux il n'en saurait être question. Ce qui touche à la satire ou à la caricature proprement dite, dans ces représentations, me paraît également problématique.

Ces sculptures étant de la même époque que celles dirigées contre les moines, qui eût empêché les imagiers de préciser par un détail que ces animaux personnifiaient des gens d'Église? Les tail-

[1] Baron de Guilhermy, *Iconographie des Fabliaux.* (Annales archéol., t. VI, 1847.)

leurs de pierre ne se gênaient pas quand ils voulaient l'affirmer[1]. J'incline à voir dans de semblables sculptures d'innocentes parodies des musiciens de profession, bohêmes vivant au jour le jour, de mœurs peu recommandables, dissipant au cabaret le peu qu'ils gagnaient.

Qui ne sait combien est contagieuse l'imitation dans les arts? Le premier sculpteur qui s'imagina de représenter un joueur de viole en porc, un souffleur de biniou en chien ou en âne, fit rire, par cette comique interprétation, le peuple du moyen âge, facile à amuser

D'autres imagiers s'emparèrent de cette idée, la propagèrent, et les animaux musiciens furent répétés à l'infini sur les murs des cathédrales. Aussi, à propos des singes, des ânes et des porcs parodiant des musiciens, ne saurais-je voir avec quelques archéologues « un des symboles de l'orgueil qui porte l'homme à s'élever au-dessus de la position dans laquelle la Providence l'a placé. »

L'âne mérite une mention spéciale. Avec le bœuf il fait partie de la symbolique dans quelques monuments.

C'est en mémoire de ses services qu'il est sculpté

[1] « L'âne s'est fait musicien, maître d'école, même ecclésiastique; il a pris quelquefois une tête de moine en gardant ses grandes oreilles, » dit encore M. de Guilhermy.

sur un des piliers de la nef de Saint-Germain, à Argentan : l'animal patient et laborieux a transporté des pierres et des fardeaux pour la construction de l'église.

L'âne est particulièrement biblique. Au jour des Rameaux, Jésus monte une ânesse, suivant la prédiction de Zacharie : « Dites à la fille de Sion : Voici votre roi qui vient à vous plein de douceur, monté sur une ânesse et sur l'ânon de celle qui est sous le joug. »

Ces souvenirs expliquent pourquoi de tous les animaux musiciens l'âne est celui que l'on rencon-

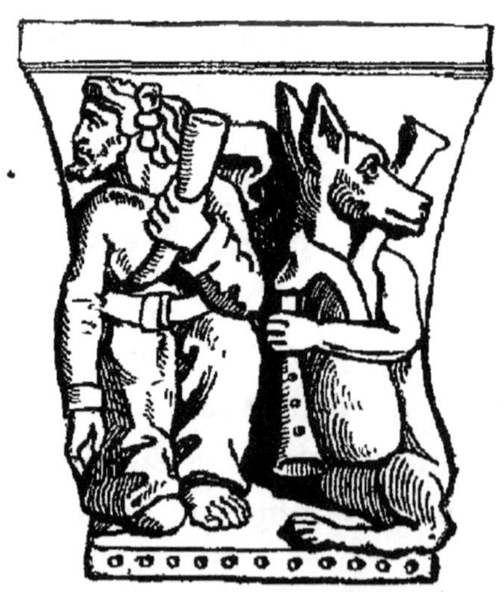

Sculpture en bois
d'une maison à Malestroit (Bretagne).

tre le plus fréquemment sur les monuments religieux jouant de la vielle, de la harpe ou de la lyre, ce qui l'a fait appeler : *l'âne qui vielle*, ou *l'âne qui lyre* ou *l'âne harpant*[1].

De l'antiquité à la Renaissance, l'âne occupe les imagiers ; mais c'est au treizième siècle plus particulièrement que l'animal joue un rôle important, étant mêlé, en qualité d'acteur principal, à la fête qui portait son nom.

Ce jour-là, revêtu d'une chape, l'âne officiait dans l'église à la place du prêtre, pour le plus grand amusement de la foule.

Sous le museau on lui brûlait de vieilles savates en guise d'encens. C'était une joie grosse et grossière, dont ne peuvent avoir idée ceux qui n'ont pas été entraînés dans les rondes de filles et de matelots de la kermesse de Rotterdam. Il existe alors, dans de telles manifestations populaires, quelque chose d'énorme et de dangereux pour ceux accoutumés à des spectacles plus policés. Une caresse de femme semble un coup de poing, un baiser une morsure. L'ivresse est lourde, enflammée, menaçante. Les danseurs s'élancent les uns vers les autres comme des trombes.

[1] L'âne qui vielle se voit à Notre-Dame de Tournay ; l'âne qui pince de la harpe à l'église Saint-Agnant, près Cosne-sur-Loire ; même sujet à la crypte de Saint-Pariz-le-Châtel, du diocèse de Nevers ; l'âne qui joue de la lyre, à Notre-Dame de Chartres ; également sur un bas-relief de la salle capitulaire de Saint-Georges de Bocherville

Je me trompe fort si la gaieté du moyen âge n'offre pas quelques analogies avec ces violentes expansions hollandaises, aux grandes fêtes populaires de l'année.

L'âne étant de nature rustaude nécessitait des divertissements grossiers : du boudin pour mets, de vieilles chaussures pour encens, quelque terrible eau-de-vie pour rafraîchissement de ses adorateurs. C'est de la sorte que longtemps le peuple s'est amusé.

Ici, loin de manquer, les documents sont peut-être trop nombreux, les écrivains sacrés et laïques ayant tiré, chacun de leur côté, cette chape symbolique qui, suivant les uns, profane l'Église, et, selon les autres, la condamne.

Les écrivains qui ont des attaches étroites avec le clergé disent : « Il serait bien téméraire de supposer que les saints prélats qui ont gouverné l'Église avec tant de sagesse pendant le moyen âge aient prêté leur concours à l'introduction de bouffonneries et d'absurdités telles que les ennemis de la religion n'en auraient pu imaginer de plus inconvenantes et de plus burlesques[1]. »

Je ne prétends pas que l'Église institua ces fêtes ;

(près Rouen), construite au douzième siècle. De très-nombreux exemples pourraient être ajoutés à cette nomenclature.

[1] Clément, *le Drame liturgique*. (Annales archéologiques, 1856.)

il est presque certain qu'elle laissa faire et usa de tolérance; mais je ne partage pas non plus la joie des voltairiens qui, à propos de l'introduction de l'âne dans les églises, veulent que cette parodie du culte annonce la révolte du peuple contre le clergé.

Ces deux opinions sont tellement éloignées l'une de l'autre, qu'il convient de remonter aux premiers siècles et d'étudier par quel enchaînement de coutumes l'Église toléra la fête de l'âne sous ses voûtes sacrées.

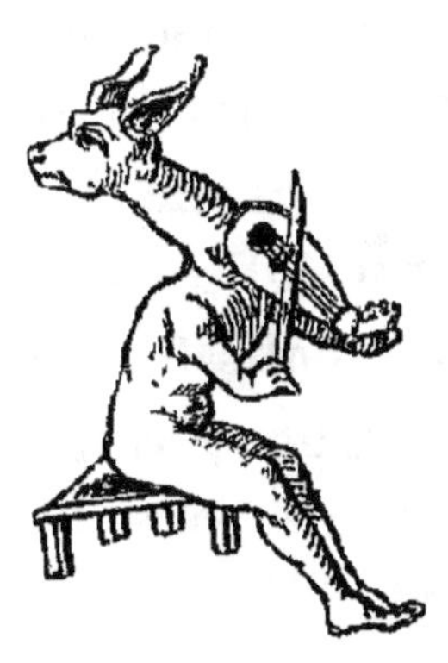

CHAPITRE III

LA FÊTE DE L'ANE

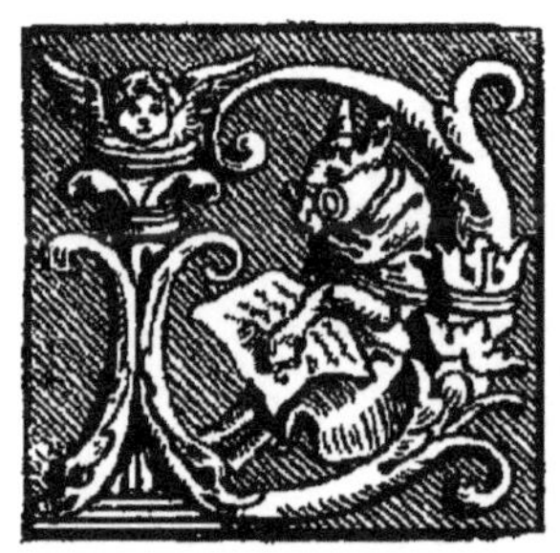

On conserve, à la bibliothèque de Sens, un manuscrit de Pierre de Corbeil, renfermant la *prose de l'âne*, telle qu'elle se chantait dans les églises au treizième siècle.

Ce texte, les symbolisateurs en ont donné des interprétations si particulières, qu'on ne saurait se lasser de le remettre sous les yeux de ceux qui cherchent la vérité historique.

L'officiant débitait les quatre premiers vers :

Orientis partibus,
Adventavit asinus,
Pulcher et fortissimus,
Sarcinis aptissimus.

Le chœur répondait :

Hez, sir asne, hez

Hic, in collibus Sichem
Enutritus sub Ruben,
Transiit per Jordanem,
Saliit in Bethleem.

Hez, sir asne, hez.

Saltu vincit hinnulos,
Dagmas et capreolos,
Super dromedarios
Velox madianeos.

Hez, sir asne, hez.

Aurum de Arabiâ
Thus et myrrham de Sabâ,
Tulit in Ecclesiâ-
Virtus asinaria.

Hez, sir asne, hez.

Dum trahit vehicula,
Multâ cum sarcinulâ,
Illius mandibula
Dura terit pabula.

Hez, sir asne, hez.

Cum aristis hordeum
Comedit et carduum;
Triticum a paleâ
Segregat in areâ.

Hez, sir asne, hez.

Amen dicas, asine,
Jam satur ex gramine.
Amen, amen itera;
Aspernare vetera.

Hez, sir asne, hez.

Une telle litanie, si excessive et si pompeuse en l'honneur de l'âne, offre quelque chose de burlesque, et le refrain : *Hez ! sir asne, hez !* répété entre chaque couplet par des milliers d'assistants, indique suffisamment que le peuple poussait l'âne à faire retentir les voûtes sacrées de ses braiments.

Il s'est pourtant trouvé un pieux archéologue, M. Clément, qui a vu dans cet âne le *symbole de Jésus-Christ*. Un âne a-t-il droit à tant de pompeuses images? Peut-il être appelé beau et plein de courage (*pulcher* et *fortissimus*), la meilleure bête de somme (*sarcinis aptissimus*), dont les bonds surpassent ceux des chevreaux (*saltu vincit capreolos*)[1]?

Le premier vers d'abord a attiré l'attention du symbolisateur : *Orientis partibus*.

« C'est de l'Orient que nous vient la lumière, dit l'archéologue que je cite mot à mot; l'Orient est le berceau de l'humanité; c'est aussi de l'Orient que sont venus les mages avec les présents dont l'âne était chargé; c'est du côté de l'Orient que parut l'étoile qui les guida. Saint Bernard, dans le *Patrem parit filia*, autre pièce du même manuscrit, appelle Jésus-Christ *Oriens in vespere*. »

La liturgie et le prophète Zacharie viennent également au secours de M. Clément, qui ne s'arrête pas en si beau chemin.

« *Adventavit* vient d'*adventus*, mot qui s'applique au temps qui précède l'avénement du Sauveur. *Asi-*

[1] F. Clément, *l'Ane au moyen âge*. (Annales archéol. de Didron, vol. XV et XVI.)

nus ne peut être ici pris qu'en bonne part. La suite de la prose prouvera avec évidence que cet *âne est le symbole de Jésus-Christ*. »

Les archéologues doués d'une pareille imagination ne doivent pas rire aux pièces de Molière, car elles pourraient être fécondes en semblables commentaires les farces macaroniques des médecins, des bourgeois gentilshommes, des matassins et des Turcs des divertissements.

On doit à M. Félix Clément de curieux travaux sur la musique ancienne, et je n'oublie pas qu'il faut compter avec l'adversaire qui a publié un *Choix des principales séquences du moyen âge tirées des manuscrits*. Dans ce choix, au numéro 4, est gravée la séquence qui fait partie de l'Office de la Circoncision composé par Pierre de Corbeil, et qu'on appelle vulgairement *Prose de l'âne*. La mélodie de l'*Orientis partibus* quoiqu'elle soit grave, carrée et pompeuse comme la plupart des séquences de l'époque, ne change rien à mon sentiment. Jusqu'à la fin du dix-septième siècle, même les mélodies des chansons à boire sont solennelles. Tout ivrogne convoite les « présents de Bacchus » sur le ton d'un chantre de cathédrale.

Les gens qui entonnaient la prose de l'âne parodiaient les litanies saintes sur un air grave. Il n'en existait pas d'autres d'ailleurs, et les compositeurs ne se doutaient pas des rhythmes sautillants et spirituels de nos futurs opéras-comiques; mais surtout le principal argument dans cette question vient d'une note manuscrite écrite par Sainte-Beuve sur son exemplaire des *Séquences*, que j'ai sous les yeux. Sur le titre du livre le malicieux critique a écrit au crayon : « Toute musique n'est pas propre à louer Dieu et à être entendue dans le sanctuaire, » La Bruyère (chap. des *Esprits forts*).

D'après Pierre Louvet, auteur de l'*Histoire du diocèse de Beauvais* (1635), les chanoines se rendaient au-devant de l'Ane recouvert de la chape ecclésias-

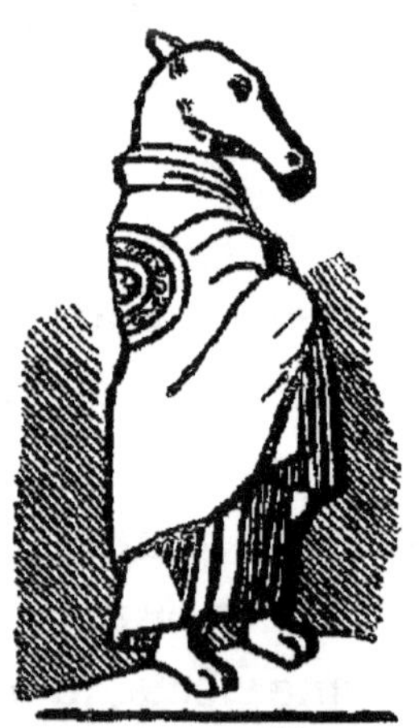

Frise archivolte
de l'église Saint-Pierre d'Aulnay (XIIe siècle).

tique, à la grande porte de l'église, bouteille et verre en main, *tenentes singuli urnas vini plenas cum scy-*

fis vitreis. Les encensements se faisaient avec du boudin et des saucisses : *Hâc die incensabitur cum boudino et saucitâ.*

Demander quel symbole cache cette charcuterie semble du domaine du *Tintamarre;* mais les symbolisateurs ne perdent jamais leur gravité doctorale.

« Quoique, continue M. Clément, il ne soit pas nécessaire de faire un grand effort d'imagination pour appliquer au Sauveur le vers de cette première strophe, toutefois nous ne serions pas éloigné de proposer une seconde interprétation. »

Voyons la seconde interprétation :

« Nous pourrions voir dans cet âne qui vient de l'Orient, plein de force et de bravoure, le type de la nation juive, dépositaire de la foi au vrai Dieu. »

M. Mérimée, à qui on en fait accroire difficilement, étudiant les caprices prétendus symboliques du moyen âge, parle de « la *bonhomie innocente* des sculpteurs du douzième et du treizième siècle, qui n'entendaient pas malice quand ils représentaient un péché *tout crument, comme il se fait*[1]. »

La fête de l'âne peut être expliquée aussi simplement. Comme dans l'antiquité, l'Église accordait un jour de saturnales aux fidèles et ne croyait pas le temple déshonoré par l'âne qui parodiait le prêtre[2].

[1] *Voyage dans le Midi.*

[2] Voy. dans le *Bibliophile français* de juillet 1869, un article sur

Il faut songer à la grossièreté de la joie à cette époque, et non pas raisonner avec la pruderie et la délicatesse que nous ont données sept ou huit siècles de civilisation.

Celui qui veut se rendre compte de l'état des esprits au moyen âge devra se faire peuple, mettre son âme d'accord avec l'âme de ces siècles barbares, courber la tête, se faire petit avec les petits, simple avec les simples, croire avec le clergé d'alors qu'il n'y avait pas danger à ces divertissements, rire des symbolisateurs d'aujourd'hui et ne pas s'enfoncer avec eux dans les ténèbres du *Psalterium glossatum*, où l'on apprend un singulier système pour mesurer les églises :

« La hauteur d'une cathédrale est l'espérance;

« Sa largeur est la charité,

« Sa longueur est la persévérance.

« Les fenêtres d'une cathédrale sont les paroles des saints;

« Les piliers sont les vertus spirituelles;

« Les colonnes sont les bons évêques et les prêtres;

« Le toit est la figure d'un intendant fidèle, etc. [1] »

le *Diptyque de Sens*, de M. Cocheris, qui, avec Duchalais et Bourquelot, partage la même opinion.

[1] Traduction d'un texte latin du dizième ou onzième siècle, inscrit sur une feuille volante en tête du *Psalterium glossatum*, manuscrit de la Bibliothèque de Boulogne-sur-Mer.

Les paysans sont moins crédules et surtout plus gausseurs que nos archéologues; si le symbolisme a pénétré chez eux sous forme de catéchisme, on va voir l'interprétation qu'ils en tirent. M. Jérôme Bugeaud, dans son beau livre des *Chansons populaires des provinces de l'Ouest*[1], a recueilli de la bouche même des petits enfants de l'Angoumois ces demandes et ces réponses :

Le prêtre. — Que signifient les deux oreilles de l'âne?

L'enfant. — Les deux oreilles de l'âne signifient les deux grands saints patrons de notre ville.

Le prêtre. — Que signifie la tête de l'âne?

L'enfant. — La tête de l'âne signifie la grosse cloche et la longe fait le battant de cette grosse cloche qui est dans le clocher de la cathédrale des saints patrons de notre ville.

Le prêtre. — Que signifie la gueule de l'âne?

L'enfant. — La gueule de l'âne signifie la grande porte de la cathédrale des saints patrons de notre ville.

Le prêtre. — Que signifie le corps de l'âne?

L'enfant. — Le corps de l'âne signifie tout le bâtiment de la cathédrale des saints patrons de notre ville.

[1] Niort, 1866. 2 vol. grand in-8.

Le prêtre. — Que signifient les quatre pattes de l'âne?

L'enfant. — Les quatre pattes de l'âne signifient les quatre grands piliers de la cathédrale des saints patrons de notre ville.

Le prêtre. — Que signifient le cœur et la pire de l'âne?

L'enfant. — La pire et le cœur de l'âne signifient les grandes lampes qui sont au mitant de la cathédrale des saints patrons de notre ville.

Le prêtre. — Que signifie la panse de l'âne?

L'enfant. — La panse de l'âne signifie le grand tronc où les chrétiens vont mettre leurs offrandes aux saints patrons de notre cathédrale.

Le prêtre. — Que signifie la peau de l'âne?

L'enfant. — La peau de l'âne signifie la grande chape du bon curé de la cathédrale des saints patrons de notre ville.

Le prêtre. — Que signifie la queue de l'âne?

L'enfant. — La queue de l'âne signifie le goupillon du bon curé de la cathédrale des saints patrons de notre ville.

. . . .

Il serait peut-être prudent de s'arrêter ici. La dernière question, qui découle logiquement de la précédente, est si gauloise, que je suis obligé d'en laisser la responsabilité aux petits enfants de l'Angoumois.

Le prêtre. — Que signifie le tr.. du c.. de l'âne?

L'enfant. — Le tr.. du c.. de l'âne, monsieur, signifie le beau bénitier de la cathédrale des saints patrons de notre ville. Amen.

La réponse de l'enfant, qui ne se pique pas de science archéologique, vaut bien ce symbolisme qui se dit religieux et paraît plutôt soufflé par le démon pour remplir les esprits de trouble et de confusion.

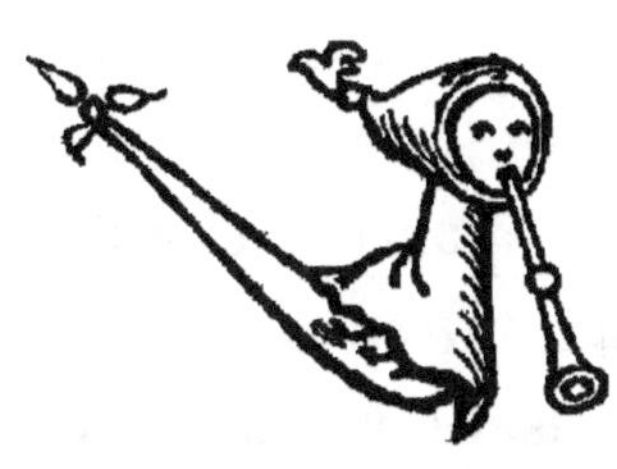

D'après une miniature des Tragédies de Senèque (fin du XIIIe siècle).

CHAPITRE IV

DANSES DANS LES ÉGLISES ET LES COUVENTS

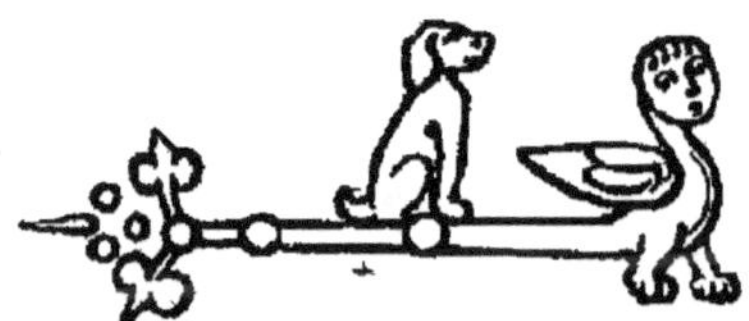

De singulières réjouissances eurent lieu dans les cathédrales et les couvents, à propos des grandes fêtes de l'Église, pendant le moyen âge et la Renaissance. A Pâques, et à Noël surtout, ce n'est pas seulement le bas clergé qui prend part aux chants et aux danses, mais les grands dignitaires de l'Église. Dans les cloîtres, les moines dansent avec les nonnes des couvents voisins; les évêques viennent chercher les religieuses pour se mêler à leur joie. La chronique de la ville d'Erfurth cite même un évêque qui se laissa entraîner à de tels excès de danse qu'il en mourut d'apoplexie.

Il y aurait là beau jeu pour les adversaires de l'Église, qui, s'emparant de certains de ces détails, en augmenteraient les conséquences, car quelques scandales résultèrent naturellement de ces danses.

Si, par exemple, je détache d'une Bible historiale du quatorzième siècle la miniature ci-contre, qui représente un intérieur de cuisine de couvent, où des moines font ripaille en compagnie de filles de bonne humeur, il est certain qu'une telle preuve, souvent répétée dans les peintures des manuscrits de l'époque, peut sembler accablante contre des religieux trop gaillards ; mais il faut prendre garde que souvent de tels sujets ont été introduits dans les Bibles autant comme *conseils*, que comme représentations de scènes scandaleuses. Les légendes inscrites sous ces miniatures avertissent les religieux qu'ils aient à se défendre de la bonne chère et de la chair fraiche. Sans doute des désordres éclatèrent dans l'intérieur des couvents ; mais l'historien, il ne faut pas se lasser de le répéter, doit faire abstraction du présent et regarder le passé dans son ensemble de mœurs et de coutumes.

Les danses dans les églises, à l'époque des grandes fêtes, étaient regardées comme faisant partie des pompes rehaussant le service divin.

Aux premiers siècles de l'ère chrétienne, la danse offre une forme à la fois artistique et pieuse qui prime la peinture et la musique. Le roi David dan-

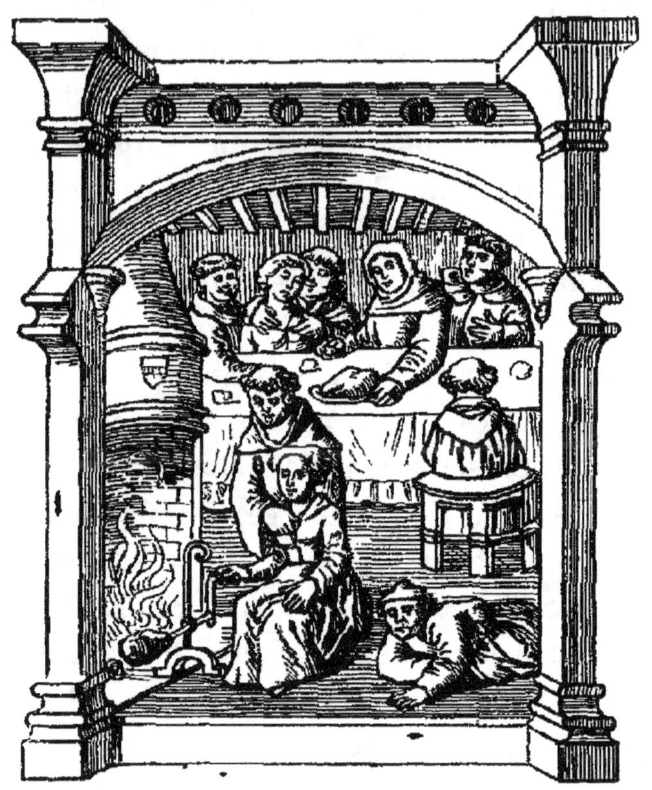

Miniature d'une Bible moralisée (n° 166)
de la Bibliothèque impériale.

sait devant l'Arche sainte, et le sermon ccv, attribué à saint Augustin, démontre que les premiers chrétiens suivirent son exemple :

« Erat gentilium ritus inter christianos retentus, ut diebus festis ballationes, id est cantilenas et saltationes exercerent... quia ista ballandi consuetudo de paganorum observatione remansit. »

Toutefois ces danses furent condamnées au septième siècle dans un concile assemblé par Clovis II, à Châlon-sur-Saône; il fut défendu aux femmes de se divertir, les jours de fête, dans l'enceinte des églises, et d'y chanter des chansons licencieuses. Il y avait abus; ce qui était sacré se tournait en profane excessif : le peuple et même les gens d'Église dépassaient les bornes. Aussi, à diverses reprises, des bulles et des décrets canoniques interdisent de pareilles réjouissances, et Grégoire de Tours s'élève contre les mascarades qu'on représentait dans l'intérieur d'un couvent de Poitiers.

Il est vrai qu'à ces danses se rattachèrent bientôt les fêtes des Fous, des Innocents, de l'Ane, animal que les sculpteurs semblent avoir pris pour type de l'art musical par excellence (voy. fig. p. 59).

Le peuple, peu à peu, prenait pied et mélangeait à l'élément sacré ses grossièretés particulières.

En 1212, le concile de Paris fait défense aux nonnes de célébrer la fête des Fous : « A festis follorum ubi baculus accipitur omnino abstineatur, idem fortiùs monachis et monialibus prohibimus. »

La civilisation, se débarrassant des voiles de l'antiquité, n'admettait plus ces ressouvenirs des lupercales et des bacchanales sacrées.

L'archevêque Odon visite les couvents du diocèse de Rouen en 1245, et y apprend que les religieuses se livrent à des plaisirs indécents pendant les grandes fêtes : « Ejusmodi lasciviis operam dedisse. »

« Nous vous défendons, dit l'archevêque, ces amusements dont vous avez l'habitude (ludibria consueta) ; » le prélat leur interdit également de danser entre elles ou avec des séculiers (aut inter vos, seu cum secularibus choreas ducendo).

Les religieuses se permettaient, paraît-il, dans ces fêtes, des chansons un peu gaies (nimiâ jocositate et scurrilibus cantibus utebantur, utpotè farsis, conductis, motulis, etc.).

Le trait d'union entre les cérémonies sacrées et celles qu'imaginèrent les laïques est visible. Voici ce qu'on chantait en dansant, le jour de Pâques, dans le diocèse de Besançon :

Si si la sol la ut ut ut ut si la si
Fidelium sonet vox sobria;
Si si la sol la ut vt ut ut si la si
Convertere Sion in gaudia.
Si si la sol la ut ut ut ut si la si

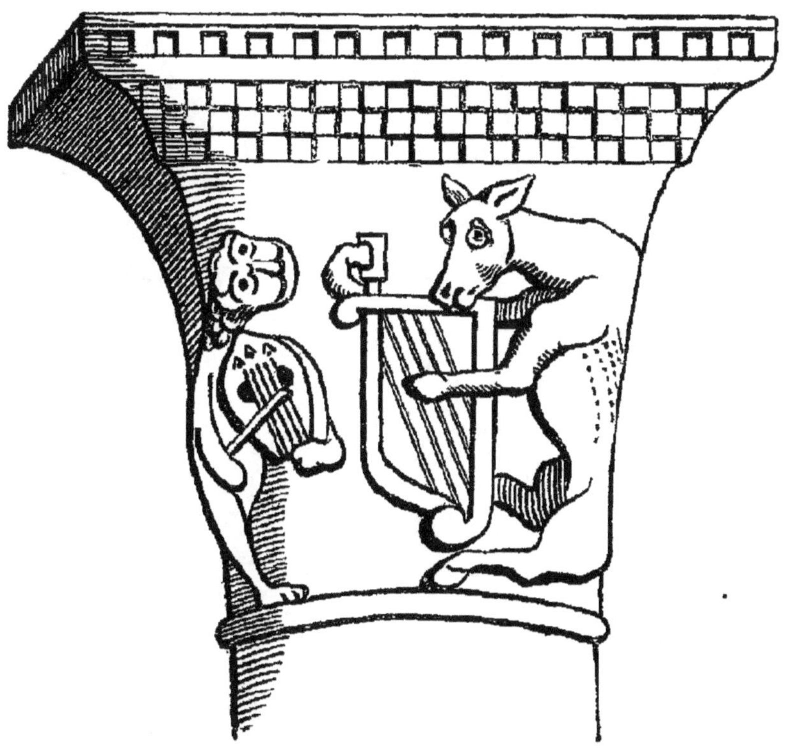

Chapiteau du portail de l'église
de Meillet (XIIe siècle).

Sit omnium una lætitia,
Ut re re sol la ut si la sol fa sol
Quos unica redemit gratia.

Il en était de même, en 1291, à Amiens, où un *Kyrie* farci, un *Gloria in excelsis* composé de latin et de langue vulgaire, mettaient en belle humeur les assistants.

A Laon, de 1284 à 1559, on célèbre des fêtes des Innocents, qui offrent plus d'un rapport avec celles des Fous; mais le chapitre, au seizième siècle, « défend absolument de rien faire dans ces fêtes qui soit contraire à la religion, au roi et à l'État. »

Charles VII promulgue, en 1430, des lettres royales à propos des gens d'Église de la cathédrale de Troyes, qui se « réunissoient pour faire la feste aux folx avec grans excez, mocqueries, spectacles, desguisemens, farces, rigmeries (chansons profanes) et autres folies, par irreverence et derision de Dieu.... ou tres grant vitupere et diffame de tout l'estat ecclesiastique, » etc.

Un texte latin de 1497 montre que le chapitre de Senlis permettait « au Roi des vicaires et à ses compagnons de faire leurs divertissements la veille de l'Épiphanie, pourvu qu'on ne chantât point d'infâmes chansons, qu'on ne dît pas de paroles injurieuses ou impudiques, qu'on ne fît pas de danses obscènes devant le grand portail, toutes choses qui avaient eu lieu à la dernière fête des Innocents. »

Au quinzième siècle, les esprits sensés se scandalisent de pareils usages.

La Faculté de théologie de Paris lance, en 1414, un décret condamnant ces fêtes qui, suivant les expressions du théologal Jean Deslyons, sont « la chose la plus étrange et la plus incroyable de notre histoire ecclésiastique[1]. »

Le fameux prédicateur Michel Menot blâme les prêtres de danser publiquement avec des femmes, le jour même où ils disent leur première messe[2].

Un autre prédicateur, contemporain de Menot, Guillaume Pepin, parle également, sans trop s'en offusquer, de prêtres qui entraient en danse après avoir dépouillé leur soutane.

Ce qui est plus grave, c'est la peinture qu'il fait de moines qui vont dans les couvents de religieuses,

[1] L'ampleur et la sévérité de la langue latine rendent mieux ces excommunications théologiques :

« Decretum theologorum parisiensium ad detestandum, contemnandum et omninò abolendum quemdam superstitiosum et scandalosum ritum quem quidam festum fatuorum vocant, qui à ritu paganorum et infidelium idolatrià initium et originem sumpsit.

« Tales paganorum reliquiæ cessarunt... Solo verò sparcissimi Jani nefaria traditio hùc usquè perseverat... Similia ludibria in capite januarii faciebant (pagani et gentiles) in honorem Jani. »

[2] *Perpulchra epistolarum quadragesimalium expositio.* — Paris, 1517.

pour y danser nuit et jour, avec les conséquences qui s'ensuivaient :

« Solent multi clerici etiam religiosi non reformati ingredi monasteria monialium non reformatarum et cum eis choreas etiam insolentissimas ducere et hoc tam de die quam de nocte, taceo de reliquo, ne forsan offendam pias aures[1]. »

Cependant tous les divertissements dans les églises n'offraient pas de pareils scandales, et le seizième siècle déjà plus policé laissa faire et subventionna même ces fêtes profanes, devenues plus décentes. En 1533, le chapitre de la cathédrale d'Amiens accorde soixante sous aux grands et petits vicaires pour les célébrer.

En 1525, le 12 décembre, le même chapitre permet aux vicaires de célébrer la Circoncision, à condition de ne pas dépendre les cloches, de s'abstenir d'insolences, de moqueries, et de payer eux-mêmes les frais du repas.

Quelques années plus tard pourtant, le 9 avril 1538, à la fête de Pâques, le chapitre défend aux vicaires et aux chapelains de se livrer à ces divertissements.

Jadis les chanoines et chapelains sautaient ensemble en rond dans les cloîtres et les églises quand le mauvais temps les empêchait de danser sur le ga-

[1] *Sermones quadraginta de Destructione Ninive.* — Paris, 1525.

zon, « ce qui ne pouvoit manquer, dit l'auteur d'un mémoire publié dans *le Mercure de France* (septembre 1742), de donner aux assistants un spectacle des plus plaisants et des plus risibles[1]. »

La plupart de ces détails[2] pourraient être augmentés considérablement. Ils suffisent pour montrer comment ces fêtes, issues du paganisme, s'étaient glissées dans le sein de l'Église et comment le peuple se les appropria.

L'Église a toujours témoigné de l'indulgence pour certains usages et certaines traditions.

Les vieillards d'aujourd'hui se rappelleront la gaieté des messes de minuit, que les farceurs de province attendaient impatiemment pour semer de pois fulminants la nef des églises, barricader les bas-côtés avec des montagnes de chaises, remplir

[1] L'auteur de ce mémoire, qu'on croit être l'abbé Bullet, chanoine de Besançon, trouve cependant que les anciens Rituels permettent ces divertissements.

On lit, en effet, dans le Rituel de 1581, au jour de Pâques : « Finito prandio, post sermonem, finitâ Nonâ, fiunt choræ in claustro, vel in medio navis ecclesiæ, si tempus fuerit pluviosum, cantando aliqua carmina ut in Processionariis continetur. Finitâ choreâ..., fit collatio in capitulo cum vino rubreo et claro, et panis vulgò nominatis *des Carpendus*. »

[2] Voy. les excellentes dissertations de Leber et Rigollot. Je les ai résumées de mon mieux ; mais il faut lire toutes les preuves amassées par ces deux archéologues sans parti pris, pour avoir la certitude que ces fêtes, tantôt tolérées, tantôt défendues par l'Église, se rattachaient de loin à des traditions païennes bien plus qu'au symbolisme chrétien.

les bénitiers d'encre et embrasser de force, dans les coins obscurs, les filles qui ne s'y prêtaient pas de bonne volonté.

Il existe, à mon sens, une certaine relation entre les plaisanteries de nos pères et les fêtes des Fous de nos arrière-aïeux.

Vouloir en tirer des armes contre le culte me paraît aussi inutile que d'en chercher le symbolisme confus.

Cette fête des Fous était un usage. Nous-mêmes à quelles singulières traditions n'obéissons-nous pas ! Quelles modes étranges nous défigurent jusqu'au jour où les vieux usages et les vieux habits sont mis au rebut !

Et si on m'accusait de procéder par analogie, de regarder le passé avec les lunettes du présent, de vouloir que ce qui est soit la preuve de ce qui fut, j'abandonnerai sans regret mon argumentation, n'y apportant aucune vanité.

Des intelligences distinguées viendraient à mon aide. Des hommes à qui on ne saurait reprocher de s'être jetés dans des discussions aventureuses, se sont préoccupés de ces questions et ont voulu y porter la clarté de leur esprit et de leurs déductions. Je prends pour second dans cette bataille où déjà tant d'encre a coulé, un historien plein de mesure et qui ne marche dans les sentiers historiques qu'à pas prudents. M. Villemain, montrant comment de l'Occident vinrent les fêtes licencieuses des églises à de certains jours, appelle la Fête de l'âne et la Procession du renard, « des folies grossières devenues la *petite pièce* du culte religieux. »

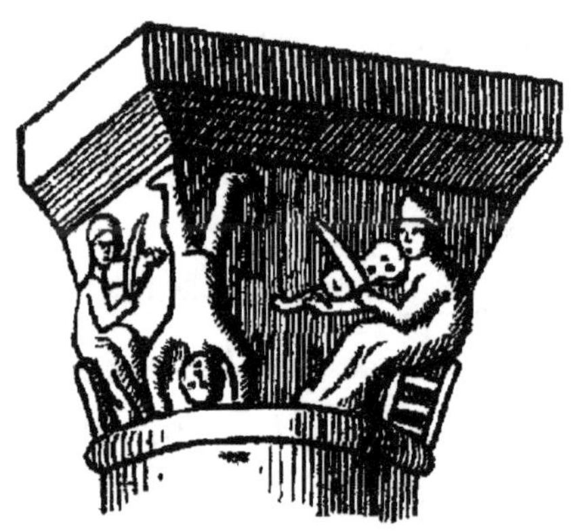

Chapiteau de la nef
de Saint-Hilaire de Melle (Poitou).

CHAPITRE V

LE DIABLE

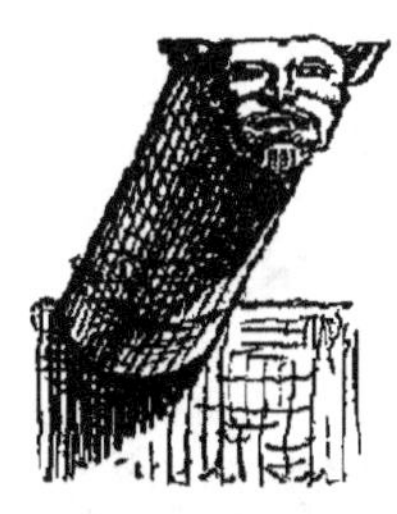

Il n'existe pas depuis le commencement du monde de création symbolique qui ait autant frappé l'esprit des hommes que le diable.

L'idée d'un Dieu bienfaisant ne pouvait suffire à les diriger ; il fallut un envers, une négation. Ainsi, à côté du Dieu bon et rayonnant, fut créé un être pervers et dissolvant, qui en devint l'antithèse.

Les premiers rayons du jour ne nous rempliraient pas d'un ineffable contentement sans la fuite de la nuit. Aussitôt que l'idée de Dieu pénétra dans les esprits, l'idée du diable se présenta immédiatement, et ce n'est pas blasphémer de dire que Dieu sans le diable ne pourrait exister. Ce fut une négation que le diable, une de ces négations aussi essentielles que le vice opposé à la vertu, la couleur noire à la blanche; aussi le noir fut-il chez presque tous les peuples la livrée de cette négation. Dans la plupart des textes anciens Satan est appelé: *Ethiopien, noir, enfumé, ténébreux* [1].

L'histoire des religions comparées prouve que, s'il n'y a pas de peuples sans dieux, il en est peu sans diables. C'est pourquoi, dans la représentation du génie du mal, les peuples primitifs, les civilisations en enfance dépensèrent une imagination singulière.

Le diable affecta mille variations étranges, quand le dieu offrait un type harmonique et régulier.

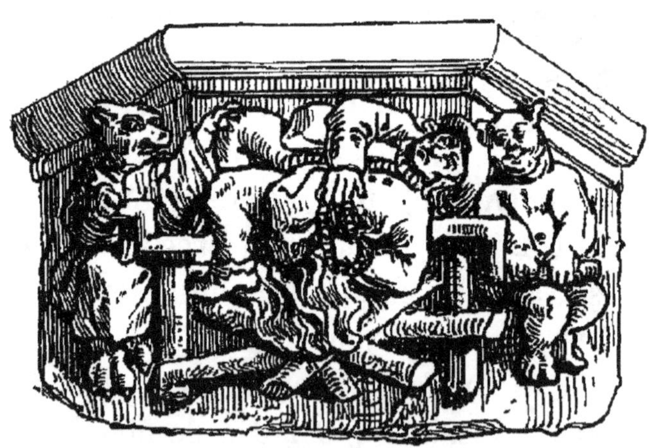

Bas-relief de l'hôtel de ville de Saint-Quentin.

« Satan est le singe de Dieu, » dit Tertullien. Un sombre empereur était appelé à régner sur les vices,

[1] Dans la Perse ancienne, deux génies, Ormuzd et Ahriman se disputent l'empire du monde. Ormuzd, le bon génie, est lumineux et

comme une figure douce et immatérielle devait protéger la vertu. Le diable fut l'inquisiteur chargé de châtier par le feu les pensées coupables, les actes répréhensibles, les crimes, toutes les passions mauvaises qui s'agitent dans le cœur de l'homme.

Pour rendre saisissante la représentation de ce mauvais génie, on en fit d'abord un composé d'homme et d'animal auquel les mythologies anciennes fournirent le poil, les cornes, les pattes, les griffes, tout ce qui rappelait extérieurement des souvenirs bestiaux : le serpent, le renard, le chien, le chat, le porc, le singe, le bouc ; de telle sorte qu'à la vue de ces animaux vils ou malicieux, le peuple, jusqu'au seizième siècle, tremblait de voir un diable caché sous leur pelage.

Les anciens poëtes ne parlent qu'avec terreur de ces légions de démons évoquant toutes les formes :

Diables d'enfer horribles et cornus,
Gros et menus, aux regards basiliques,
Infâmes chiens, qu'êtes-vous devenus?
Saillez tout nus, vieux, jeunes et charnus,
Bossus, tortus, serpens diaboliques,
Aspidiques, etc. etc. . . . .

Des Bestiaires rimés, du treizième siècle, montrent l'assimilation du diable et du renard :

blanc. Ahriman, le mauvais génie, est noir et sombre ; de même le moyen âge représenta le diable sombre et noir en opposition avec les anges blancs et illuminés.

Cil goupils (renard) ki tant fet de mal

. . . .

Cest li moutes (le mauvais, le diable) ki nous guerroie.

Guillaume Le Normand, dans son *Bestiaire*, dit du singe :

. . . . . Ceste bieste
Au dyable afiert et ressanle (ressemble).

Les érudits ont cherché avec beaucoup d'attention le premier monument qui, en France, représente le diable; ils ne l'ont guère trouvé avant le onzième siècle. Et qui était mieux à même d'élucider ce sujet obscur, que l'artiste qui, par ses études, aurait pu donner le pendant qui manque à l'*Iconographie de Dieu?*

En quelques pages de son *Dictionnaire d'architecture*, M. Viollet-Le-Duc a esquissé une monographie du diable, dont il retrace les principaux caractères à diverses époques :

« Dans les premiers monuments du moyen âge, dit-il, on ne trouve pas de représentation du diable, et nous ne saurions dire à quelle époque précise les sculpteurs ou peintres ont commencé à figurer le démon dans les bas-reliefs ou peintures.... Dans la sculpture du onzième siècle, en France, le diable commence à jouer un rôle important : il apparaît sur les chapiteaux, sur les tympans; il se trouve mêlé à toutes les scènes de l'Ancien et du Nouveau

Testament, ainsi qu'à toutes les légendes de saints. Alors l'imagination des artistes s'est plu à lui donner les figures les plus étranges et les plus hideuses : tantôt il se présente sous la forme d'un homme monstrueux, souvent pourvu d'ailes et de queue.... Pendant la période romane, le diable est un être que les peintres ou sculpteurs s'efforcent de rendre terrible, effrayant, qui joue le rôle d'une puissance avec laquelle il n'est pas permis de prendre des libertés.

« Chez les sculpteurs occidentaux du treizième siècle, presque tous avancés comme artistes, l'esprit gaulois commence à percer. Le diable prend un caractère moins terrible ; il est souvent ridicule, son caractère est plus dépravé qu'effrayant, sa physionomie plus ironique que sauvage ou cruelle ; parfois il triche, souvent il est dupé. Vers la fin du moyen âge le diable a vieilli ; il ne fait plus ses af aires... Le grand diable sculpté sur le tympan de la porte de la cathédrale d'Autun, au douzième siècle, est un être effrayant bien fait pour épouvanter des imaginations naïves ; mais les diablotins sculptés sur les bas-reliefs du quinzième siècle sont plus comiques que terribles, et il est évident que les artistes qui les façonnaient se souciaient assez peu des méchants tours de l'esprit du mal. »

Il en était de même au théâtre, où le diable était

passé à l'état de grotesque et de bouffon. Dans la *Farce de l'Ante-christ et des trois femmes*, le diable, pour avoir pris part à une querelle de halles, reçoit une grêle de coups de bâton et n'a que le temps de s'enfuir.

Mille exemples de l'ancien théâtre français fourniraient des motifs semblables; mais je dois me borner au rôle de Satan en architecture.

Des drames dans lesquels le diable est mêlé habituellement, le plus caractéristique est la pèse des âmes, comédie quelquefois étrange, quelquefois bouffonne.

C'est de l'Égypte que vient cette tradition, représentée si fréquemment sur les monuments chrétiens [1].

Au moyen âge, la pèse des âmes est un jugement solennel auquel assistent les anges et les démons. L'âme du juste et de l'injuste doit être pesée dans des balances; sur un plateau sont placés les vices, sur l'autre les vertus, symbole matériel et visible. Au fronton des cathédrales surtout, se font remar-

[1] « Le dieu visite la zone où se décide le sort des âmes relativement aux corps qu'elles doivent habiter. Le juge souverain pèse les âmes à la balance fatale : l'une d'elles est condamnée, des cynocéphales la fustigent à coups de verges et la ramènent sur terre; le coupable est représenté sous la forme d'une truie au-dessus de laquelle on a gravé le mot gourmandise, péché capital du délinquant. » (Nestor Lhôte, *Symbolique des monuments funéraires chez es anciens et les modernes*.)

quer le diable et son cortége de monstres menaçants ; véritablement imposant en cette circonstance, il devient accusateur public, et les sculpteurs n'ont pas manqué de lui donner une apparence étrange et fantastique.

Avec la tentation, la pèse des âmes fait partie des deux épisodes principaux que le diable joue dans la vie des mortels ; et si, dans le premier cas, il se présente entouré de créatures séduisantes pour charmer celui dont il veut faire son sujet, la pèse des âmes évoque plus particulièrement les malices du diable. Il est seul dans les tentations, et on n'y voit pas les anges venir au secours des saints personnages enveloppés des séductions de la luxure. La pèse des âmes est un tournoi dans lequel combattent l'ange avocat du défunt, le diable son accusateur, et souvent le malin esprit l'emporte.

Sa mission paraît facile, car de ces âmes à juger, il en est plus d'une pétrie de boue et d'immondices. Elles n'ont pas traversé la vie sans être souillées par quelque coin ; et si l'ange entreprend d'en montrer les parties saines et immaculées, le diable découvrira sans peine les taches qui les salissent.

L'accusateur a donc beau jeu ; aussi le voit-on traîner avec joie papes, empereurs, princes et courtisans liés à la même chaîne dont lui, diable, est le garde-chiourme.

A Vézelay, un diable tient un paquet de verges suspendu sur la tête d'une femme et s'écrie : *Time!* un prêtre, au contraire, dit à la pécheresse : *Spera!* Dans ce monument n'éclate pas encore la tricherie qui se voit ailleurs avec un grand développement sarcastique.

De semblables scènes sont fréquemment représentées sur les monuments avant l'invention de la Danse des morts. Même esprit d'égalité, même principe, sauf les pas en avant posés dans le domaine du réel par celui qui, le premier, peignit la Danse Macabre.

C'est dans la pèse des âmes que le diable justifie

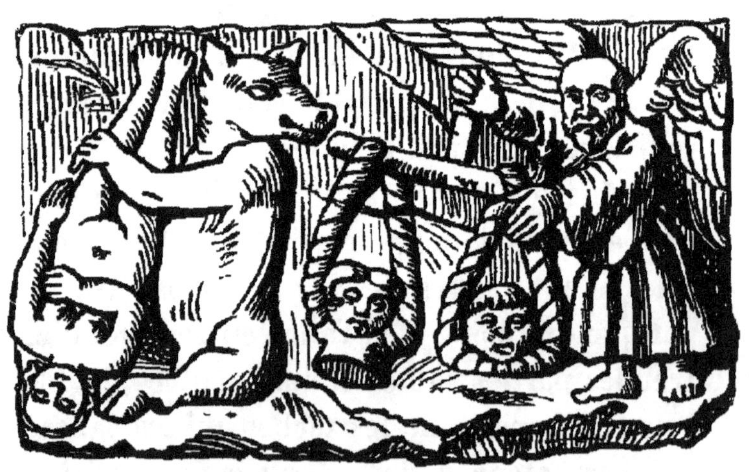

Bas-relief de l'église du Monastier (Velay).

son titre de « malin. » A sa terrible puissance il joint la tromperie et répond à la pensée des auteurs des anciens *Bestiaires* qui, sous la peau du renard, voient percer la ruse du diable.

Dans le bas-relief ci-contre de l'église du Monastier, le diable, sous la forme d'une truie, emporte une femme qui a sans doute beaucoup péché; la sculpture est d'un caractère très-naïf; mais l'expression de défiance du diable ne s'en fait pas moins remarquer. Il incline et détourne la tête pour regarder si l'ange qui pèse deux autres âmes ne cherche pas à le tromper.

Avide de montrer sa puissance, le diable, quoique son cortége fût considérable, tenait encore à le grossir. Ce n'étaient pas cent âmes qu'il lui fallait, c'étaient mille, dix mille, cent mille, un million, un milliard. Il rêvait de les accaparer toutes. Dans son orgueil, Satan n'admettait pas qu'une seule pût lui échapper, et comme quelques-unes, bien rares, apparaissant pures dans la terrible balance, étaient réclamées par un ange protecteur, le diable imitait sans vergogne les marchands qui vendent à faux poids.

Qu'une âme immaculée soit placée dans la balance, le diable n'hésite pas à faire pencher le plateau de son côté malgré *l'advocatie* de l'ange. Une sculpture du treizième siècle, du portail de l'église de Louques (Aveyron), représente un ange et un diable pesant les âmes. « Le diable, dit

M. Mérimée, a l'air très-fripon et cherche évidemment à rendre sa part meilleure. » En effet, il pose un doigt sur le fléau de la balance pour la faire pencher de son côté, profitant de ce que saint Michel est occupé à regarder ailleurs.

Sur un chapiteau de l'église de Chauvigny, un des suppôts du diable apporte un lézard, symbole du mal, afin d'en charger le plateau de la balance qui contient les péchés. Sous la figure sont gravés ces mots : *Ecce diabolus!*

Mêmes sujets à Conques[1], au Mans[2], à Bourges[3].

Jacques de Voragine rapporte, dans la *Légende dorée*, que Satan fait signer un pacte à ceux qui se donnent à lui parce que ce sont des *tricheurs* qui ne tiennent plus leurs promesses lorsqu'ils croient pouvoir se passer de lui. Cette tricherie qui lui est familière, il la reproche aux autres, suivant l'habitude des coquins, et il manque rarement de l'employer dans la pèse des âmes.

Il est vrai que, dans un tableau du quinzième siècle, du musée de Cologne, on voit le diable guetter une âme qui sort du tombeau. La pauvrette, effrayée à la vue du malin, se jette dans les bras d'un ange[4].

[1] Mérimée, *Voyage en Auvergne*, p. 84.
[2] Id., *Voyage dans l'Ouest*, p. 61.
[3] Vitraux de Bourges, pl. III.
[4] A. Darcel, *Excursion en Allemagne*.

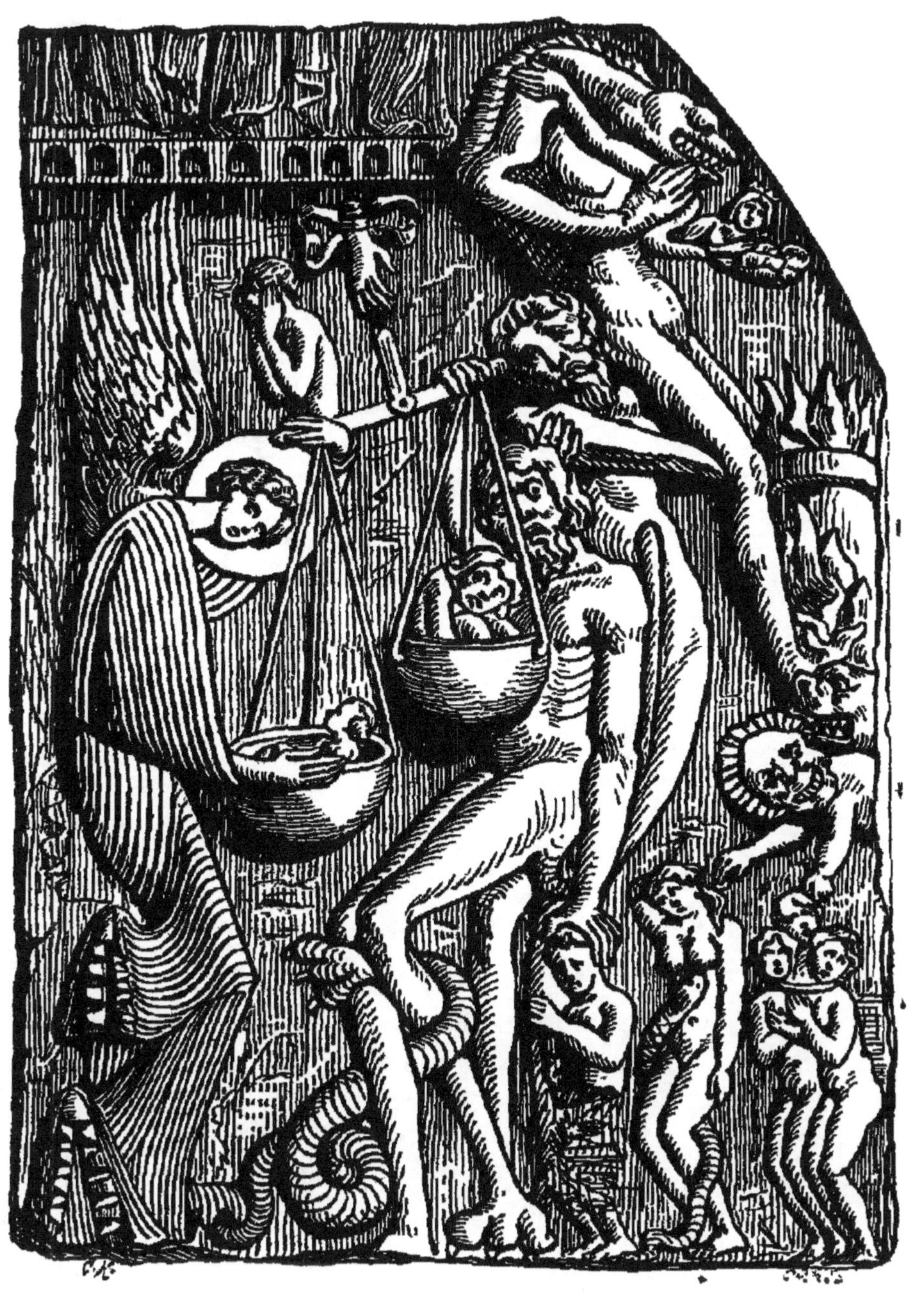

La pèse des âmes, fragment d'un bas relief du fronton, de la cathédrale d'Autun.

Mais il est rare que le diable ne réussisse pas dans ses entreprises. On voit, dans l'église paroissiale du Bar (Var), un tableau du commencement du seizième siècle, représentant des hommes et des femmes dansant au son de tambourins et de galoubets. Au-dessus de la tête de chaque danseur gambade un petit diable noir, ce qui n'empêche pas la Mort, armée d'un arc, de décocher ses flèches contre les danseurs. Un diable accourt aussitôt à la bouche du moribond pour s'emparer de son âme et la peser[1].

C'est une des rares reproductions d'une lutte entre la Mort et le diable.

Quand, aux approches de la Renaissance, il fut reconnu que le diable, jusqu'alors regardé comme terrible et sauvage, était plutôt de nature perfide et malicieuse, mi-partie singe, mi-partie renard, l'opinion populaire en fit un représentant direct de la nature féminine. La femme, depuis l'antiquité la plus reculée, n'avait-elle pas été regardée comme un être à la fois séduisant et malfaisant, qui jette la perturbation dans la vie des hommes? Sur ce sujet, législateurs, philosophes, auteurs sacrés et profanes, Pères de l'Eglise et trouvères étaient d'accord : sous chaque jupon se cachait un diable aux tentations duquel il était difficile de résister.

[1] Tome III, *Bulletin du Comité historique*, 1852.

C'étaient les femmes qui déterminaient les renversements de dynasties, les guerres, les trahisons; par le pouvoir des femmes, les lions se changeaient en moutons, les hommes les plus loyaux en parjures. On ne pouvait compter le nombre de telles métamorphoses depuis le commencement du monde;

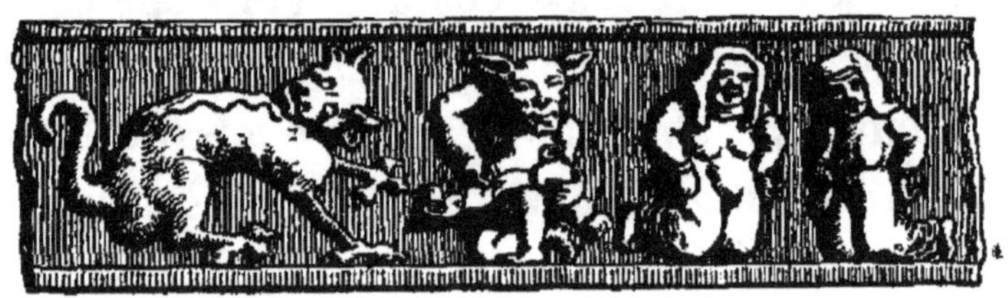

Bas-relief de l'église Saint-Fiacre au Faouet (Bretagne).

toujours la femme se tenait cachée dans quelque coin, assistant tranquillement aux crimes, aux traîtrises, aux chutes des empires, aux massacres de peuple à peuple.

La femme ne pouvait donc être qu'un acolyte du diable. Aussi, plus d'une fois le démon fut-il représenté entouré de créatures dont les charmes provocants l'aidaient à triompher de ceux qui résistaient à ses promesses de trésors et de puissance.

L'homme, fier de sa nature masculine, se plaisait à rappeler que la femme avait été séduite la première par le serpent, et il avouait qu'il lui était difficile de résister à l'alliance féminine avec le diable.

Ces idées et bien d'autres furent traduites par le ciseau et le pinceau sur les monuments avec de si nombreux développements, qu'il est difficile de faire un choix parmi ces sujets.

Un des plus finement présentés est la tentation de saint Martin, qui exerça la verve des conteurs, des poëtes et des auteurs de légendes.

Le pieux Jacques de Voragine conte qu'un jour, pendant que saint Martin célébrait la messe, deux commères bavardaient à cœur-joie. Le diable se mit en tête d'écrire cette conversation, dans le but de faire éclater de rire le saint et de troubler le service divin.

Le moyen que le malin employa semble emprunté à une ancienne pantomime.

La longueur du caquet des deux commères, pendant la messe, était si considérable que de leurs paroles on eût empli un boisseau. « Le Diable, dit Rabelais, escripvant le quaquet de deux Gauloises, à belles dents, allongea bien son parchemin. »

Il est certain que si saint Martin s'était retourné pendant cette scène, il lui eût été difficile de garder son sérieux. La meule de la conversation des femmes en mouvement, ce n'était plus une feuille de parchemin qu'il fallait au diable pour en noter le bavardage, c'était un cahier.

Notez, en l'ecclise de Dieu,
Femmes ensemble caquetoyent.
Le diable y estoit en ung lieu
Escripvant ce qu'elles disoyent.
Son rollet plain de poinct en poinct,
Tyre aux dens pour le faire croistre :
Sa prinse eschappe et ne tient point,
Au pillier s'en cobby la teste [1].

Le diable avait entrepris une trop forte besogne que de vouloir noter ces caquets de femmes ; son parchemin venant à manquer, il essaya de l'allonger et avec de si vifs efforts que, la feuille cédant, le malin vaincu alla se cogner la tête contre un des piliers de l'église.

Ce récit eut du succès, à en croire les monuments qui nous en sont restés sous diverses formes, sur des manuscrits et des tapisseries. M. Eloi Johanneau rapporte qu'on le voyait représenté encore, en 1678, sur un tableau de l'église de Notre-Dame de Recouvrance, à Brest, avec une légende en bas-breton et en français.

C'est encore grâce aux accointances présumées avec le diable que les femmes, et particulièrement les vieilles, furent regardées comme des sorcières. Toute vieille délaissée dans son coin et osant à peine regarder en dessous ceux qui la méprisaient, fut accusée de nourrir des pensées coupables, d'user

[1] Pierre de Grosnet, 1553

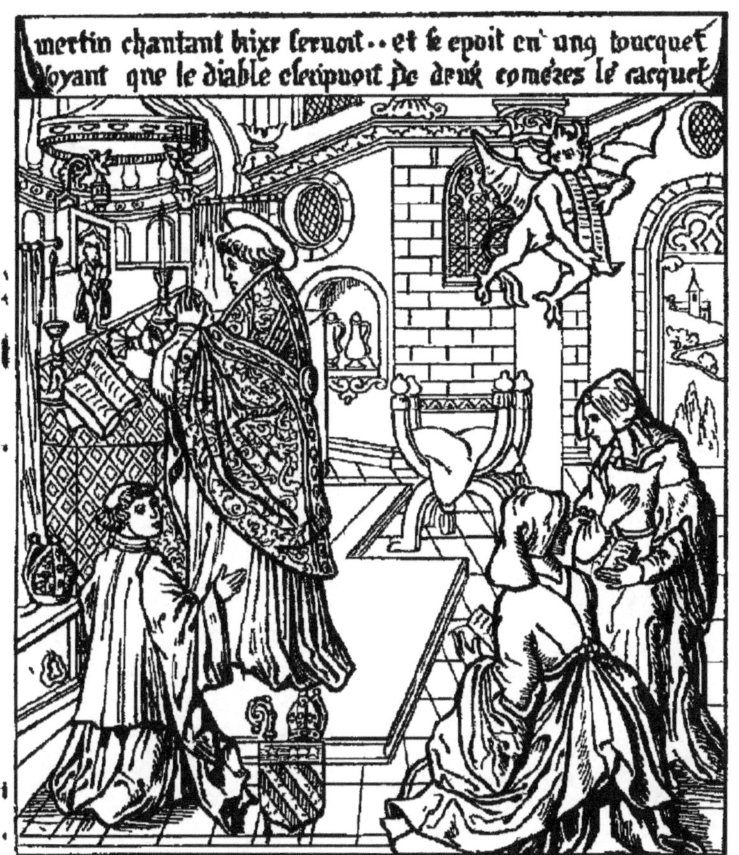

D'après une ancienne tapisserie.

de maléfices, de vivre de tromperies et de se rendre au sabbat, qu'a décrit mieux qu'avec un pinceau l'auteur de ce *Mystère de la passion* :

Je vois tous les diables en l'air,
Plus épais que troupeaux de mouches,
Qui vont faire leurs escarmouches
Avec un tas de sorcières,
Et ont plein leurs gibecières
De gros tisons et de charbons
Pour faire rôtir les jambons
A des tas de larrons pendus.

J'ai donné dans l'*Histoire de l'imagerie populaire* la légende du fameux Lustucru indiquant aux maris une recette pour rendre leurs femmes meilleures : il s'agit d'envoyer leurs têtes au forgeron et de les réduire à coups de marteau sur l'enclume jusqu'à ce que les mauvais principes en sortent.

On voit, dans les panneaux d'une fenêtre du château de Villeneuve, en Auvergne, un bas-relief du seizième siècle, qui offre quelque analogie avec la facétie de Lustucru. Trois horribles démons forgent une tête de femme, pendant qu'à côté trois anges forgent une tête d'homme.

Les femmes diront pour leur défense que si elles se servaient du ciseau des sculpteurs, ce serait une tête d'homme que fabriqueraient les diables, et qu'au contraire les anges apporteraient toute leur application à modeler une tête de femme.

Quelques sculpteurs se montrèrent plus galants; les compagnons qui taillaient les stalles des églises ont, à diverses reprises, représenté la femme, non plus complice du diable, mais son ennemie. Après un combat acharné, elle triomphe du méchant et, en signe de sa défaite, lui scie son oreille de bouc.

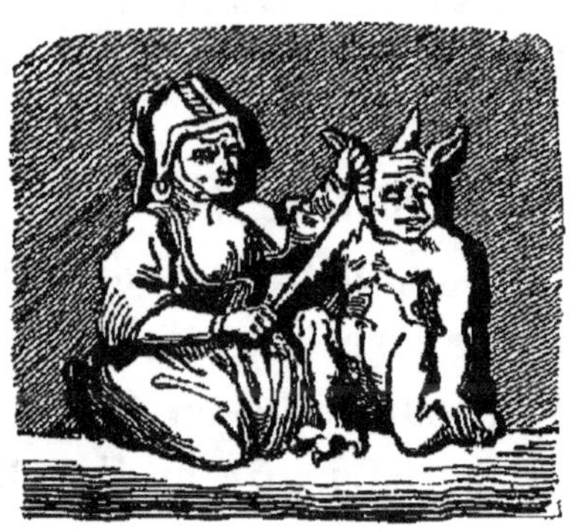

Stalle de l'église Saint-Spire à Corbeil.

Avec la Réforme le rôle du diable fut singulièrement diminué, et les agitations considérables auxquelles il se livre dans les combats à la plume entre catholiques et protestants sont un signe que son pouvoir va expirer.

Les réformateurs, qui tentaient de supprimer les saints, les mystères, la papauté, jugèrent que le diable était également inutile, et celui qui se montra son ennemi le plus acharné fut Luther, qui, malgré sa bonne humeur, tourmenté par les démons pendant sa vie, cherchait à les écarter par mille moyens.

— Ce diable est un esprit triste qui ne peut souffrir une chanson joyeuse, disait-il à ses disciples.

Ce fut sans doute pour ce motif que le réformateur composa des chansons et se plut à en entendre ; mais le moyen était trop doux et, pour vaincre un adversaire si redoutable, Luther menaçait de traiter la séquelle diabolique avec un mépris dont elle ne se relèverait pas.

Les *Propos de table* font mention de la singulière prison dans laquelle le moine comptait les loger.

« Un jour, Luther penchait vers l'idée qu'il avait lui-même pour adversaires deux diables qui le guettaient de près et qu'ils étaient allés se promener avec lui dans le dortoir du couvent. Quand ils m'auront tout à fait épuisé la tête, dit-il, ils pourront m'entrer dans le c... ; c'est là leur place. »

Le moine ne se contentait pas d'une si dure incarcération; il comptait bombarder le diable enfermé en cet endroit et lutter avec lui d'odeurs nauséabondes, moyen violent et grossier que les disciples du réformateur nous ont conservé sans paraître s'en étonner :

« Si le diable s'obstine à ne pas me laisser tranquille, disait Luther, je tiens pour lui un pet en réserve (*illi crepitum admitto ventris*); il faut qu'il en reçoive beaucoup de moi. »

On pense si par de tels moyens le diable fut mis en fuite, la recette d'un semblable exorcisme étant dévoilée, qu'il était si facile à tout possédé d'employer.

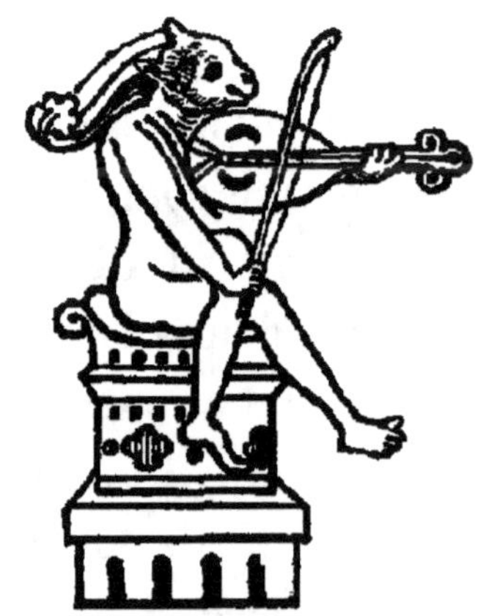

D'après un manuscrit de la Bibliothèque de Cambrai (XIIe siècle).

CHAPITRE VI

LA DANSE DES MORTS

I

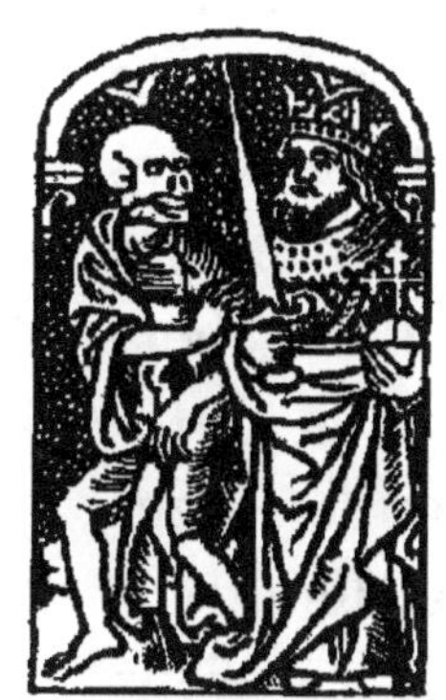

Il y a dans l'art tels sujets où le symbole d'une excessive clarté est visible et parlant pour tous. Ce sont pourtant quelquefois ces sujets mêmes sur la nature desquels les érudits s'accordent le moins. L'enseignement donné par l'artiste n'a pas alors besoin de commentaires; c'est autour de cet enseignement que les commentateurs se donnent rendez-vous. Ce qui était net, positif, il semble que certains esprits l'aient rendu obscur et trouble à dessein. La pensée de l'auteur se fait jour en cinquante planches rapidement vues; il a fallu, depuis, cent volumes pour les expliquer. Ce qui demandait un quart d'heure au penseur pour se nourrir de graves et sérieuses réflexions, veut maintenant des années de recherches pénibles pour être élucidé. Une mince brochure suffisait, il faut une encyclopédie spéciale sur la question.

On se surprend à maudire la vulgarisation de l'imprimerie, et on comprend le paradoxe du socialiste qui voulait brûler les bibliothèques pour forcer l'esprit à penser à nouveau, ce qui n'eût pas empêché l'hydre de l'érudition de donner sans cesse de nouvelles têtes.

La Danse des morts est peut-être le sujet qui prête le plus aux débats de la critique, ses nombreuses représentations à diverses époques ayant poussé les archéologues à indiquer les analogies et les variantes du même drame qui existent en Europe. Ces recherches ne furent pas sans résultats; mais quand toutes les formes furent à peu près connues, les commentateurs ne se tinrent pas pour satisfaits. Ils discutèrent la pensée de l'artiste, et comme les passions ne sont pas étrangères à l'archéologie, les uns firent de ce sujet symbolique un hommage à l'Église, les autres une insulte.

Il ne fut pas admis universellement que le principe d'égalité prêché par le Christ avait enfin trouvé sa forme définitive, que l'art s'emparait de cette doctrine pour la rendre palpable et que, sous forme sarcastique, le peuple recevait dès lors un enseignement plus direct que celui des catéchismes[1]. N'est-il pas probable que l'Église, en favorisant ou laissant peindre ces fresques sur les murs des cimetières, des maladreries et des monuments chrétiens, comme le fit plus tard à son imitation l'autorité civile pour les ponts et les hôtels de ville, proclamait hautement le principe égalitaire?

Certainement, la Danse des morts restera comme un des titres du catholicisme, qui eut conscience des salutaires conséquences qu'une telle représentation devait exercer sur l'esprit du peuple. Et il faut rendre cette justice à l'Église qu'elle n'épargna pas ses dignitaires. Tous, sans exception, prirent part à la danse : ni la tiare, ni la mitre, ni l'étole ne furent protégées contre la faux de l'impitoyable ménétrier.

En face d'un drame si clair, les gens d'un sens droit ne pouvaient se tromper; mais, pour quelques intelligences qui raisonnent juste, combien d'archéologues ont-ils voulu courber cette danse sous le poids de leurs systèmes! combien d'historiens ont-ils cherché dans les actes du personnage principal une attaque contre l'esprit du catholicisme! com-

[1] Guillebert de Metz, parlant de la Danse Macabre du Charnier des Innocents, dit : « Illec sont peintures notables de la Danse Macabre et autres, avec escriptures pour esmouvoir les gens à dévotion. »

bien d'auteurs de monographies ont-ils trouvé matière à symbolisme creux et vide!

La Danse des morts est à la fois une œuvre philosophique et satirique, car toute philosophie contient un principe de raillerie, comme toute raillerie un principe philosophique.

Celui qui le premier pensa à faire intervenir dans un drame le squelette et sa mâchoire sarcastique, fit preuve de grave ironie. Et quand, au dix-huitième siècle, Maupertuis, visitant un cimetière avec un de ses amis qui lui demandait de quoi riaient ces têtes de morts, répondait : « De nous autres vivants, » ce mot n'est que la réelle traduction de la pensée du peintre de la Danse Macabre primitive.

Un tel sujet semble aujourd'hui funèbre à certains esprits ; la terreur leur mettant un bandeau sur les yeux les empêche d'en saisir l'impression fortifiante. Ils oublient que la mort est la conséquence de la vie. Nous venons au monde pour mourir. La mort sans cesse fait sentinelle à la base du triangle dont péniblement nous gravissons un des côtés pour redescendre l'autre non moins péniblement. C'est la loi et non la dure loi. Qu'y a-t-il là d'assombrissant pour l'humanité? Aussi, faut-il laisser les faibles se voiler la face et fermer les yeux devant ces réconfortantes imaginations du moyen âge.

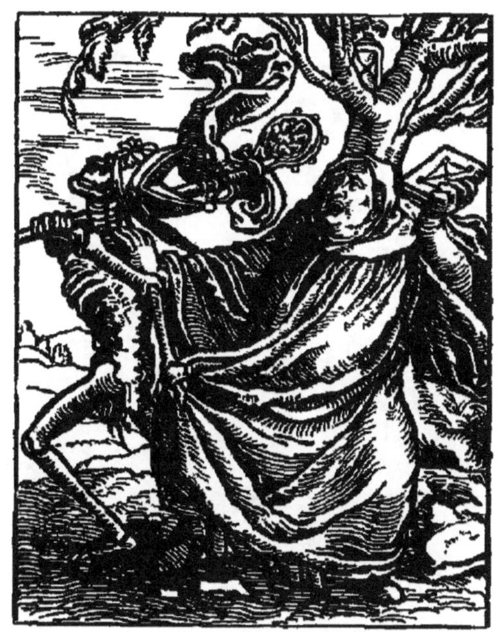

D'après Holbein.

La Danse Macabre avait une autre portée, c'était de montrer au peuple qui souffrait que ni la pourpre ni les richesses n'empêchent la mort de faire son office. Ceux qui vivaient dans le pouvoir et l'opulence étaient condamnés au même dénoûment, on peut dire au même dénûment. Le quinzième siècle fut persuadé qu'un pape ne valait pas plus qu'un cordonnier, un empereur qu'un paysan, une grande dame qu'une femme du peuple, un moine à ventre bien rempli qu'un pauvre hère sans pain.

— Tout est périssable, criait la Mort. Couvrez-vous d'habits dorés, empêchez le froid de pénétrer dans vos palais, que le bon vin réconforte votre estomac, vous n'en mourrez pas moins que celui qui, à peine couvert, grelotte dans un taudis sans feu et pense en se réveillant qu'il n'a pas mangé la veille.

Tous, vous êtes égaux.

Toi, laboureur, tu pèses autant dans ma balance que le seigneur qui prélève une dîme sur ton travail. Toi, conquérant, par ambition tu fais massacrer des armées, tu mourras. Toi, courtisan, tu es plein de morgue et de vanité; malgré ton insolence, la Mort t'attend. Toi, riche, tu refuses l'aumône aux pauvres, tu n'auras même pas l'aumône des larmes de ceux qui suivront ton convoi. Tes appartements sont tendus de brillantes étoffes, elles serviront à envelopper ton cercueil. Toi, courtisane, tu vends ton corps aux débauchés; ce corps, qui représentait cent louis par nuit, la Mort l'aura pour rien. Toi, juge, tu étais revêtu d'hermine, tu le seras de vermine.

Les caricaturistes de tous les temps ont bien compris la portée de cette satire; aussi maintes et maintes fois l'ont-ils reprise et habillée à la mode du jour, sans s'inquiéter de blesser la faiblesse d'esprit de leurs contemporains. Et depuis le quinzième siècle nous vivons sur ce triomphe de la Mort.

II

On lit dans le *Journal du règne de Charles VI et de Charles VII*: « Item, l'an 1424, fut faicte la Danse Maratre (pour Macabre) aux Innocents, et fut commencée environ le moys d'Aoust et achevée en karesme prenant... »

Villaret, de Barante et autres historiens, ont tiré de ce texte l'indication qu'une danse macabre aurait été dansée devant le duc de Bedford et le duc Philippe le Bon, auxquels Paris asservi faisait fête. Un peu d'attention démontre que si cette hypothèse était adoptée, une danse commencée au mois d'août et

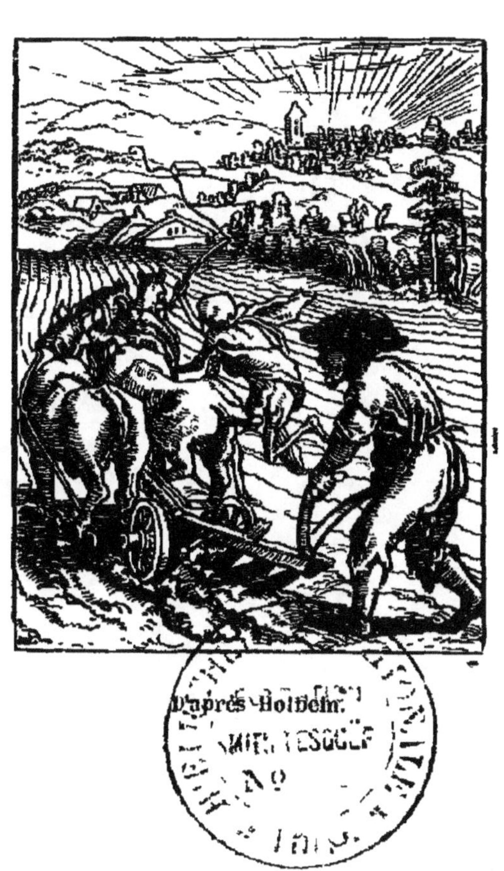

D'après Holbein.

terminée en carême suivant durerait *huit mois*, ce qui serait fatigant.

Le spectacle donné aux Anglais était la représentation d'une danse, non la danse elle-même. Elle n'avait pas pour but de divertir l'ennemi triomphant qui venait de gagner la bataille de Verneuil, si désastreuse pour la France; cette danse se produisait sous la forme de fresques, sans se relier aucunement aux événements du jour.

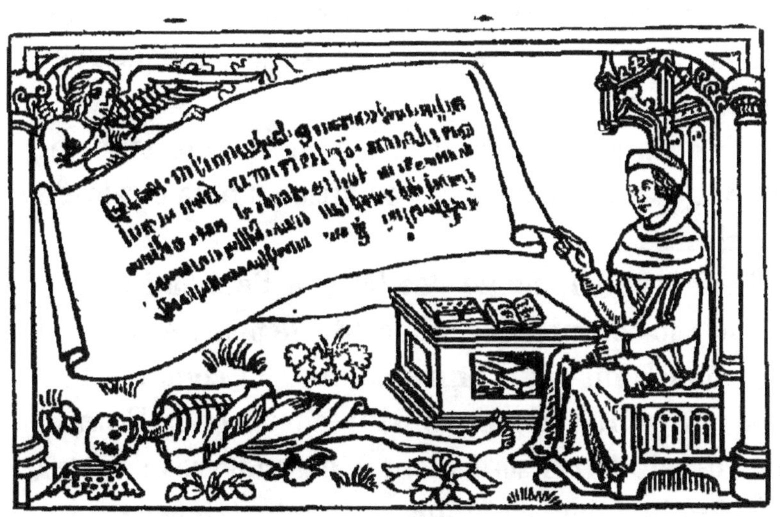

Le roy mort et l'acteur,
d'après une planche de la Danse Macabre de 1485, publiée
par Guyot Marchant.

L'heure qui annonce la naissance d'une grande conception avait sonné. Rattacher cette conception à un fait particulier, y voir un symptôme positif de l'état des esprits à une époque a entraîné les généralisateurs dans des sentiers pénibles. A ce compte, la Danse des morts, symbole de l'Égalité, pourrait être réclamée également par la Révolution de 1789. La génération qui va suivre ne sera occupée qu'à enlever les prétentieux *repeints* dont nous sommes si fiers et qui dénaturent la plupart des événements historiques.

Un écrivain, qui a annoté récemment *la Grant Dance macabre des femmes*[1], voit dans cette composition un rapport avec l'envahissement de la France par les Anglais et les cruelles pestes épidémiques de la même époque.

Il y a en effet quelque chose de tentant dans cet aperçu, si commode à faire danser sur la corde de l'antithèse.

Paris vaincu donne des fêtes à l'ennemi triomphant ; au charnier des Innocents, le peintre apprend au conquérant qu'il finira comme le conquis. Une peste se joint à la guerre pour éprouver la France, les rues de Paris sont pleines de cadavres : à deux pas, un imagier, dans une suite de tableaux satiriques, se nargue de la Mort. Ces sortes d'oppositions plaisent aux écrivains qui aiment le cliquetis dramatique. Et si à ce jeu de raquettes on joint

[1] Miot-Frochot, *la Grant Dance Macabre des femmes*. Bachelin-Deflorenne, 1868.

quelques rancunes politiques ou religieuses, la fête est complète.

Le même commentateur de la *Danse Macabre des femmes* profite de ces fresques pour juger à grands traits le quinzième siècle :

« Époque de doute et de révolte même contre le sentiment religieux, contre l'idée dominatrice de l'Église, elle a été pour les arts le berceau d'une de ces représentations bizarres les plus repoussantes, les plus terribles qui aient jamais été données en pâture à la curiosité publique. L'Église a jeté à cette misérable époque la Danse macabre comme une proie. »

Sans doute l'idée chrétienne se montre dans ces peintures; mais est-il bien certain qu'elles furent commandées directement par l'Église?

Noël du Fail, dans les *Contes d'Eutrapel* (1592), parle des mêmes fresques du cloître des Innocents à Paris, et dit : « que ce sçavant et belliqueux roi, Charles le Quint, y fit peindre, où sont représentées au vif les effigies des hommes de marque de ce temps-là, et qui dansent en la main de la Mort. »

Admettons qu'au seizième siècle, Noël du Fail connaissait moins bien les circonstances qui produisirent la Danse Macabre qu'un commentateur du dix-neuvième, et laissons la parole à ce dernier :

« Quand l'Église, interprétant l'idée de la Mort,

la représentait matériellement sous la forme d'un squelette, elle exploitait les sentiments populaires

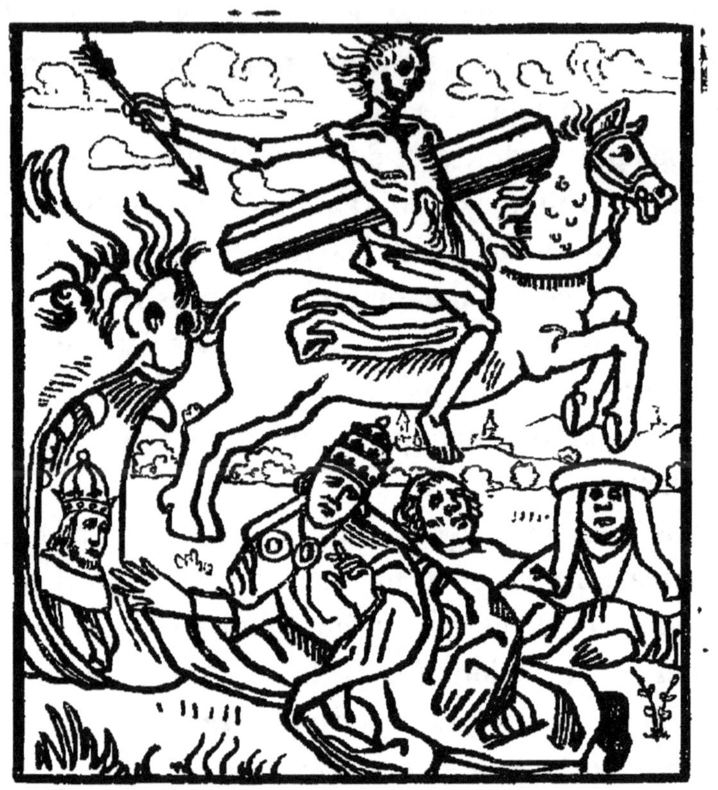

Frontispice de *la Danse des femmes*, laquelle composa maistre Marcial d'Auvergne, procureur au parlement de Paris.

et se mettait ainsi à la portée de tous. Il y avait dans cette conduite plus de politique que de charité chrétienne. »

Ici il y a progression. L'Église, suivant le commentateur, est devenue machiavélique. De telles affirmations sont toujours gaies quand l'auteur croit à ce qu'il dit.

Nous allons voir maintenant ce qui se cache au fond de la Danse Macabre.

« Dans cette peinture hideuse on sent battre le cœur de la France, de la patrie, mais de la France anéantie, de la patrie découragée qui, dans son égarement, ne compte plus que sur la Mort, au lieu de compter sur son seul courage. »

Du moment où « *on sent battre le cœur de la France* » dans la Danse des morts, j'abandonne le commentateur. Ses conceptions sont trop élevées pour moi et je me retourne vers d'autres archéologues, dont l'un, M. Leber, jugeant, il y a une trentaine d'années, de semblables imaginations, disait : « Nos historiens modernes ont fait bien du bruit pour peu de chose. »

Un autre érudit, un des pères de l'archéologie en France, qui passa de longues années à étudier les représentations macabres, a montré l'enchaînement naturel des idées traduites par un pinceau sarcastique :

« Nous sommes porté à croire, dit Langlois, que la Danse des Morts est simplement la mise en scène du drame moral et chrétien que l'on trouve, dès le douzième siècle, dans les sermons populaires des prédicateurs et des scolastiques, et dont le fond est une sorte de prosopopée dans laquelle la Mort s'adresse aux personnes de chaque condition. De ces sermons, cette idée passa naturellement dans les poésies vulgaires et donna naissance à des quatrains, à des versets d'après lesquels les figures ont dû être faites. Ces dernières étaient dues, pour ainsi dire, au développement progressif de l'esprit. Il ne faut pas douter que le peuple, tendant toujours à s'émanciper malgré l'oppression des grands, n'ait accueilli avec enthousiasme ces sortes de caricatures de l'époque, qui lui offraient sous une forme très-plaisante une certaine consolation en lui montrant les chefs de la société et les seigneurs traités sur le même pied que les plus misérables. »

M. Leber, répondant à ces assertions par une lettre pleine de sens, ajoutait :

« L'origine de la Danse Macabre n'est pas un fait isolé, singulier, qui appartienne entièrement à un acte ou à une époque déterminée de l'histoire. C'est, si je ne m'abuse, une succession de faits qui dérive des mœurs, des pratiques, des préjugés de nos pères, qui, répandus dans le vague des siècles barbares, existent partout et ne se voient nulle part revêtus de la forme *arrêtée* que leur prête notre imagination, d'après les tableaux dont nous cherchons l'original... Ils rappellent les préjugés, la croyance et les pratiques superstitieuses du moyen âge, en tout ce qui appartient ou semble appartenir à l'ordre des choses surnaturelles. Les effets singuliers de contagions jusqu'alors inconnues, les traditions erronées de vingt générations sur l'apparition des esprits, l'existence des sorciers, des génies et des fées, le dogme du purgatoire, le culte des morts et les accidents de la vie future ont dû nécessairement conduire à l'idée de ces tableaux et en fournir l'ébauche. »

Voilà en effet le véritable sens de la Danse des morts. Les deux érudits, qui ne se laissent prendre ni au pittoresque, ni à l'antithèse, ni aux mots à effet, admettent difficilement « toutes les belles choses qu'on y a vues depuis[1]. »

Suivant eux un tel fait ne se produit pas instantanément, sur commande ou d'après l'événement du jour.

Leber et Langlois, ces vaillants chercheurs, apportent dans l'exposé de leurs idées de la simplicité, de la bonhomie, un sens clair, précis, sans nuages, et si après eux M. Fortoul trouve dans ces peintures l'action des franciscains et des dominicains qui prêchaient l'égalité et que le peuple respectait parce que ces moines vivaient pauvres, il

[1] Leber, *Lettre à Langlois*. Quoique déjà ancien, l'ouvrage posthume de l'archéologue normand sur ces Danses de morts est resté un arsenal complet et sans brèches pour la défense de la question.

l'indique avec une modération et une prudence qui ne ressemblent guère à la prétendue *exploitation* des sentiments populaires par l'Église.

D'ailleurs, si le fait isolé dont parle le commentateur de la *Danse Macabre des femmes* était admis, la France, échappant à la peste et à la domination anglaise, aurait dû renoncer à ces représentations symboliques qui n'avaient plus de raison d'être. Au contraire, la Danse des morts se répand dans tout le royaume pendant plus de deux siècles.

L'Allemagne et la Suisse ne furent pas conquises par les Anglais ; cependant les Suisses et les Allemands peignent également des Danses de morts[1].

— C'est l'Église catholique, dit-on, qui exploite cette donnée. — Comment se fait-il que la Réforme en fasse son profit ?

Et les Anglais, contre qui est dirigé le macabre symbole, comment agissent-ils ? Pleins d'admiration, ils emportent la Danse des morts dans leur île et en décorent les murs de leurs cathédrales. Naïvement ils croient qu'ils ont mis la main sur une idée philosophique ; ils ne se doutent pas qu'ils ont emporté un battement du « *cœur de la France*. »

[1] On a compté quarante-trois villes en France, en Allemagne, en Suisse et en Angleterre, où étaient représentées des Danses de morts

III

On voyait jadis en Bretagne, près des églises, des constructions dites *reliquaires*, dans lesquelles étaient entassés les ossements des anciens cimetières. Le même usage existait en Suisse, comme l'indique une gravure qu'on pourrait appeler le Concert de la Mort.

C'est la Mort qui appelle les morts. Une troupe de squelettes tire de la trompette des fanfares éclatantes, et avec frénésie le chef d'orchestre frappe sur des timbales calées sur des ossements. Le premier qui sort de l'ossuaire fait écho aux trompettes qui l'appellent ; derrière lui les morts se dressent par milliers. C'est un prologue saisissant de la Danse. Tous ces morts aux orbites creuses, cherchant à reconnaître leurs os dans le tas, vont se répandre par le monde, dans toutes les classes, sans pitié pour personne.

Le branle est donné et excite l'imagination des peintres.

Un poëte anglais, Pierre Plowman, ayant publié au seizième siècle sa *Vision*, dans laquelle la Mort renverse rois, empereurs, chevaliers, papes, Geoffroy Tory s'inspirait de cette conception et en illustrait un de ces admirables livres d'heures auxquels il a donné son nom.

La Mort-Roi, montée sur un cheval apocalyptique et suivie de deux autres serviteurs décharnés, tous trois armés de faux, abattent chaque être vivant qui se présente devant elle. Détail ingénieux, la Mort tient un pli à la main, comme si elle portait la lettre de deuil du genre humain

On n'a que l'embarras du choix dans les caprices macabres des manuscrits, où souvent le sujet est égayé par des encadrements de fleurettes et de petits oiseaux se détachant sur fond d'or. Plus le drame est lugubre, plus riant est l'entourage.

A la fin de la Renaissance, la Mort a quitté son aspect farouche; si elle ne s'humanise pas quant au fond, elle est devenue polie et presque engageante. Aussi les poëtes la chantent-ils sur tous les tons et les peintres ont-ils fait assaut d'ingénieuses inventions pour faire entrer ce fantastique personnage dans la vie habituelle, la présentant au public comme familière et bon enfant.

« Au pont de Lucerne, dit M. Saint-Marc Girardin, la Mort plaisante avec nous. Faisons-nous une partie de campagne, elle s'habille en cocher et fait claquer son fouet. Les enfants rient et sautillent; la mère se plaint que la voiture va trop vite. C'est la Mort qui conduit; elle a hâte d'arriver. Allez-

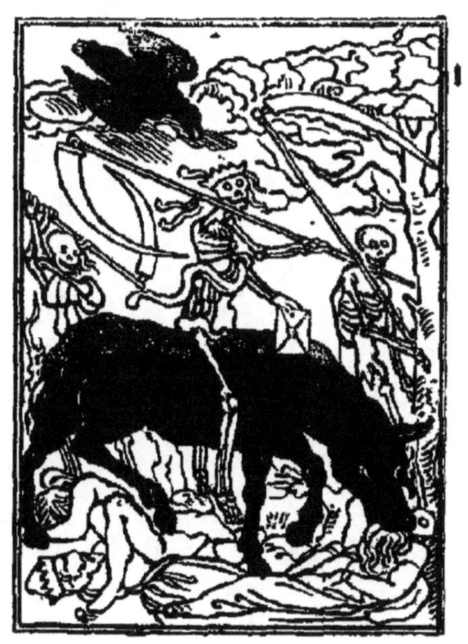

D'après un livre d'Heures, de Geoffroy Tory.

vous au bal : voici la Mort qui entre en coiffeur, le peigne à la main. Le pont de Lucerne nous montre la Mort à nos côtés et partout : à table, où elle a la serviette autour du cou, le verre à la main et porte des santés ; dans la boutique où, en garçon marchand, assis sur des ballots d'étoffes, elle a l'air engageant et appelle les pratiques ; au barreau, où vêtue en avocat, elle prend des conclusions : — Le seul avocat, dit la légende, qui aille vite et gagne toutes les causes[1]. »

A Bâle, où la Mort donna une de ses principales représentations, entre autres détails piquants, on la voyait emmener le cuisinier, et à la place qu'occupe habituellement la faux, c'était une broche avec un poulet rôti que portait la Mort, se plaisant à rappeler à ses sujets le rôle qu'ils avaient joué pendant la vie.

Suivant la condition des gens avec qui elle doit lutter, la Mort emploie des armes différentes. A cheval, elle combat les cavaliers ; elle est galante avec les jeunes femmes ; c'est avec un filet qu'elle prend l'oiseleur. Quand elle entre chez un médecin, elle lui présente une drogue de nouvelle invention. « L'insatiable glouton de tous les hommes » met des formes suivant la clientèle, ce

[1] *Journal des Débats*, 15 février 1855.

qu'a surtout compris l'admirable artiste qui de la Danse des morts a tracé une suite de petits chefs-d'œuvre.

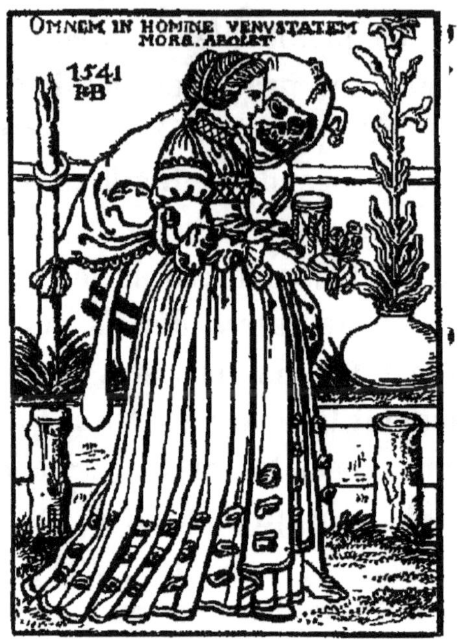

D'après une gravure allemande de 1541.

Sur les cinquante-trois planches d'Holbein, j'indiquerai celles qui me frappent particulièrement et que je ne saurais me lasser de regarder.

Le *roi* est assis sous un dais devant une table chargée de mets. Ses serviteurs s'empressent autour de lui; mais voici qu'un bizarre échanson, plus empressé encore, s'approche une bouteille à la main et verse au prince le breuvage qu'il boira pour la dernière fois. Il faut quitter le palais aux étoffes fleurdelisées, renoncer aux repas somptueux. La Mort s'est glissée dans cet endroit.

Le *moine*, gros et gras, trouve qu'à lire le bréviaire la vie est agréable. Il ne pense pas que son supérieur, un évêque d'une affreuse maigreur, viendra le prendre par la robe et l'entraînera dans un lieu tranquille où celui qui l'habite n'a même plus la peine de tourner les pages d'un livre de prières.

Le *prêteur d'argent* est de bonne humeur. C'est le jour des arrérages. Il a avancé peu de monnaie, ses débiteurs lui en rendent beaucoup ; aussi son escarcelle est-elle grosse de la maigreur de celles qui se vident dans la sienne. Déjà l'usurier compte sur ses doigts les intérêts qu'il va tirer de cet argent décuplé. — Tu n'as pas payé ma dette, il faut compter avec moi, s'écrie la Mort qui, bien importunément, barre la route au prêteur.

La *jeune fiancée* fait sa toilette, souriant au son du tambourin joyeux qui annonce au dehors l'arrivée de l'époux. — Il faut se dépêcher, dit la Mort, qui attache au cou de sa victime un riche collier de perles.

Le *prédicateur* est monté en chaire, prenant pour texte de son sermon la brièveté de la vie. Dans le feu de son improvisation, il ne remarque pas qu'un sablier a été posé sur la chaire. — A mon tour, prêtre, lui dit la Mort ; tu as été long, je serai courte. Tu conseillais à ces braves gens de mettre leur âme en paix, songe à la tienne. Tu parlais de la brièveté de la vie, tu avais raison et je vais te prendre pour exemple.

L'*astrologue* est occupé à regarder un globe terrestre. La Mort se présente à lui et lui montrant un vieux crâne déterré :

— Tu dis par amphibologie
Ce qu'aux aultres doibt advenir.
Dys-moy donc par astrologie
Quand tu debvras à moy venir.

L'*avare* dans son caveau entasse des lingots d'or, des bijoux, des diamants, et c'est avec la rage d'un voleur forçant la boutique d'un changeur que la Mort empoigne ses trésors, certaine d'être suivie par celui qui ne croit qu'à l'argent.

Le *laboureur* oublie ses fatigues quand le soleil, au loin, darde ses rayons derrière la vieille église. Devant la charrue se présente la Mort :

A la sueur de ton visaige
Tu gaigneras ta pauvre vie.
Après long travail et usaige,
Voicy la mort qui te convie.

Le *chevalier* a mis à mort plus d'un homme dans

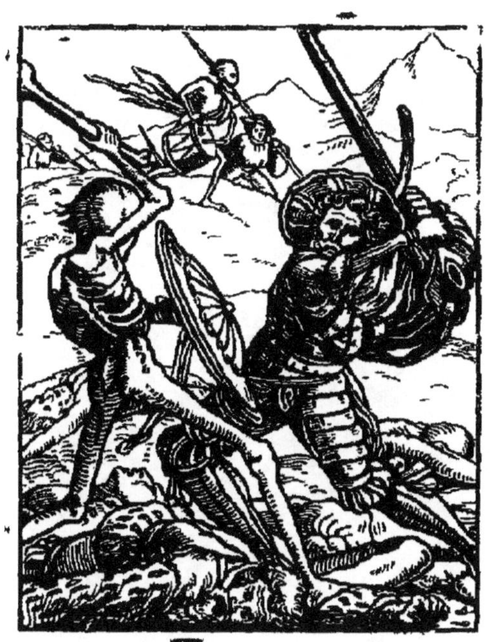

D'après Holbein.

sa journée; son épée est encore teinte de sang. Et cependant un nouvel adversaire se présente, n'ayant pour arme qu'un ossement ramassé dans un cimetière. La lourde épée doit en avoir facilement raison. Le chevalier, malgré son armure, n'en ira pas moins rejoindre ceux à qui il a fait mordre la poussière, et personne ne le plaindra. Les peuples, dit la légende, s'élèveront soudain contre l'inhumain qui ordonne ces violences et ces massacres. La leçon ne nous a pas profité, et c'est le cœur serré que je corrige ces épreuves, à deux pas des violences et des massacres.

L'*aveugle* remercie celui qui vient de l'aider à sortir d'un mauvais pas. — Je tiens ton bâton, lui dit la Mort, pour te mener dans un sentier plus tranquille.

Ainsi défilent devant le grand niveleur hommes et femmes de toutes les classes : pape, empereur, cardinal, grandes dames, magistrats, alchimistes, marchands, navigateurs, courtisanes, joueurs, ivrognes, mendiants.

A voir le sourire sarcastique qui, le plus souvent, accompagne les discours de la Mort quand elle rend visite aux riches et aux puissants, il semble que Gœthe ait pris la Mort des anciennes gravures pour type de son Méphistophélès.

Tous ceux qui, par des moyens factices, jouissent sur terre sont réellement empoignés par la Mort avec une joie sauvage. Les vicieux, les débauchés, les avaricieux la remplissent de gaieté. Cachée dans un coin, derrière une porte, elle se montre tout à coup à eux comme une pantomime imprévue, en s'écriant : « Me voilà, voilà la Mort! » Et la terreur qu'elle excite change sa grimace habituelle en une raillerie bizarre.

Mais quand il s'agit d'un pauvre, d'un enfant au berceau, d'une vieille revenant de la forêt, courbée sous le fagot, alors la Mort s'humanise et témoigne une sorte de pitié. A ces pauvres êtres elle souffle de consolantes paroles : *Mors melior vita*.

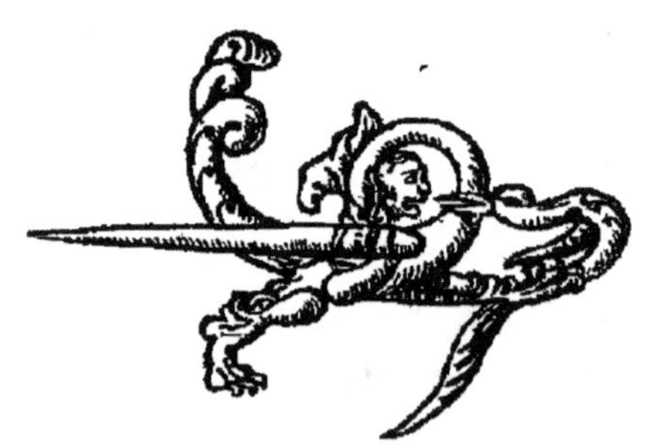

D'après une ancienne miniature.

CHAPITRE VII

RENART

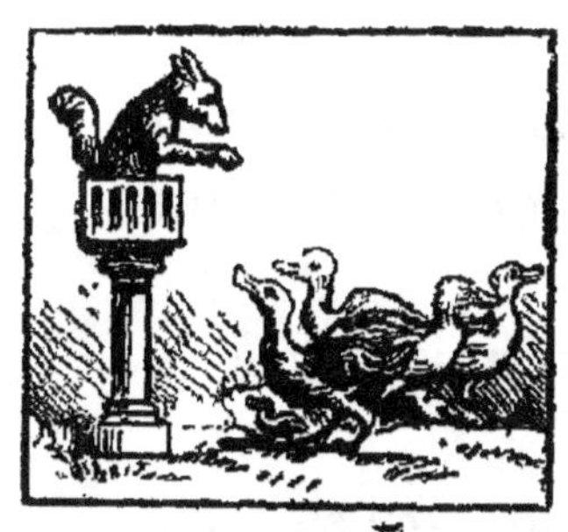

Les grosses constructions des cathédrales du moyen âge étant terminées, il fallut songer à l'ornementation extérieure. J'ai dit que les hagiographes attachés à des couvents s'entouraient d'imagiers dont toute l'instruction gisait dans le maniement du ciseau ; chaque soir un moine lisait de pieuses légendes à ce peuple d'ornemanistes, dont il fallait réveiller la foi. Telle était la leçon qui devait s'imprimer dans le cerveau des sculpteurs, et donner naissance à des drames dans lesquels ombres et lumières coloraient à la fois les rosaces et les portails des façades.

A ce moment le symbolisme religieux suit une

marche régulière et ne laisse pas de place au caprice. Du onzième au douzième siècle, sur les murs des monuments n'apparaît aucune trace de lutte entre l'État et l'Église, non plus qu'entre les divers ordres religieux.

La cathédrale d'Autun est un des exemples les plus parfaits de l'enseignement hagiographique d'un prêtre considérable par son savoir, l'évêque Honorius. Les chroniques le représentent sans cesse veillant à ce que le sens de ses leçons soit traduit avec fidélité; cependant sur un chapiteau d'Autun se détache, sculptée en ronde-bosse, une des plus anciennes fables de l'Inde, *le Renard et la Cigogne*, qui de Bidpaï est arrivée jusqu'à Ésope: c'est dans un des fabliaux précédant le *Roman de Renart* que l'imagier l'a trouvée.

Maître Renard montre pour la première fois, je pense, le bout de l'oreille à l'église.

Qu'on s'imagine le grave *Moniteur officiel*, dans lequel, à la première page, au milieu des documents diplomatiques, se glisserait une facétie.

Tel est l'effet produit au milieu de la cathédrale d'Autun par cet insolite chapiteau.

L'hagiographe qui a conçu le plan du monument a pu sourire de ce détail innocent. Qu'est-ce, après tout? Le ressouvenir du fabliau de la cigogne enlevant une arête du gosier du renard. J'y vois l'art indépendant se livrant à ses premières manifestations.

Il ne faudrait pas toutefois aller plus loin que l'imagier qui a sculpté le bas-relief, et vouloir préjuger de l'*état des esprits* par la sculpture d'un

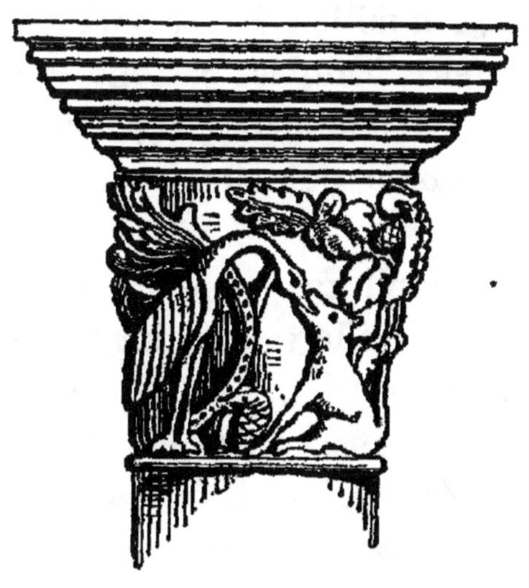

Chapiteau de la cathédrale d'Autun.

chapiteau; cependant, quand je vois l'immense popularité du *Roman de Renart* à cette époque, il est bon de mentionner, ne fût-ce qu'à titre de curiosité, la première graine qui s'échappe du fabliau pour pousser en haut d'un pilier.

Plus tard, bien d'autres graines se répandront sur de nombreux monuments en France, en Angleterre, en Allemagne.

Renart s'attachera surtout à la robe des gens d'église et des moines de toute couleur.

Dans chaque cellule de couvent il semble que le malicieux animal soit caché, pour épier les actes des religieux et s'en divertir avec le peuple. A peine le moine a-t-il ôté sa robe que Renart s'en empare, et, encapuchonné, fait mille grimaces aux badauds, singe l'office religieux, bénit les passants et s'écrie que si lui, Renart, semble moine, il pourrait bien se faire que le moine fût plus véritablement renard.

Et pourtant ce goupil qui ne se gêne pas avec les gens d'église, l'Église le tolère, jugeant Renart plus amusant que dangereux. En effet, les tours de ce maître fourbe sont aussi gais que ceux de Scapin; s'il s'attaque aux puissants du jour, aux empereurs, aux rois, aux prêtres, c'est avec une bonne humeur qui en voile suffisamment les railleries.

Renart ne semble pas plus dangereux qu'Ésope, que Phèdre ; il est au moyen âge ce que les fabulistes furent à l'antiquité; encore a-t-il sur les fabulistes l'avantage de ne pas moraliser.

Ses aventures sont si plaisamment contées que le poëte ne peut véritablement renfermer un critique acerbe. Il rit des moines, mais de quels moines? Ceux-ci disent que c'est de ceux-là, ceux-là de ceux-ci. Personne ne se sent atteint, et si quelque malice semble applicable à une corporation religieuse, elle est présentée si gaiement qu'il eût fallu des esprits moroses pour s'en offenser.

Ni l'aigreur, ni l'amertume, ni la rancune, ni la révolte ne se sentent dans la composition du poëme primitif de Renart ; il n'y a pas trace de fiel, comme dans les imitations qui suivirent bientôt. Dans certains chapitres, il est vrai, l'auteur parodie l'office pieux de l'église[1] ; mais ces railleries étaient si innocentes que le clergé les laissa sculpter en pleine lumière sur les façades des églises.

Seul, Gauthier de Coinsy réprimanda les gens d'église qui ornaient leurs chambres à coucher des aventures d'Ysengrin et de sa femme.

> En lor moustiers ne font pas fere,
> Si tout l'image Nostre-Dame,
> Com font Ysengrin et sa fame
> En lor chambre où ilz reponent[2].

Il est peu de poëmes, de romans, de comédies dont le succès ne fasse dresser les longues oreilles d'un homme prenant en main les prétendus intérêts de

[1] Voir la « Dixième aventure » de l'ingénieux arrangement du Roman de Renart donné par M. Paulin Paris, sous le titre des *Aventures de maître Renard*, 1 vol. Techener, 1861. Cette intéressante publication dispense ceux qui veulent être amusés sans fatigue, de recourir aux anciens textes inaccessibles à d'autres qu'aux élèves de l'école des Chartes.

[2] En leurs moustiers ne font pas faire — sitôt l'image Notre-Dame — qu'ils font Ysengrin et sa femme — en leur chambre où ils reposent. (*Miracles de la Vierge*, 1323.)

la morale. Gauthier de Coinsy me paraît être en cette circonstance le Monsieur Prudhomme, le Chapuis-Montlaville de son temps.

Il est présumable que les moines se divertissaient plus dans les monastères à entendre les facéties de Renart qu'à écouter les vêpres. La vue des peintures qui ravivaient le souvenir du poëme les intéressait davantage que les scènes bibliques ; mais sauf l'admonestation de Gauthier de Coinsy, on n'a trouvé jusqu'ici aucune trace de censure quelconque exercée contre le malin goupil.

Le roman de Renart fit école. C'est une grande œuvre satirique, voilée et pourtant bien autrement claire que le *Pantagruel*. Pour en donner une idée, la critique a évoqué l'*Odyssée* et la trilogie dramatique de Beaumarchais ; on y trouve, en effet, la variété d'aventures du poëme antique, l'esprit ingénieux de la comédie moderne. La ruse qui jaillissait de plusieurs sources remplissait la coupe et débordait, féconde en subtilités de toute espèce ; chaque poëte apportait sa part de malices. On ne rencontre pas dans le roman de Renart les puissantes échappées qui ont sauvé l'œuvre de Rabelais de la destruction ; mais le même système d'allusions a présidé à la composition des deux œuvres.

La royauté, l'Église, la noblesse, les moines, les hauts barons, les cours de justice les tournois, les rapines des nobles entre eux, sont indiqués satiriquement dans le roman ; mais le véritable personnage, c'est Renart, et, comme l'a fait remarquer un critique :

« Sa malice et sa gaieté triomphent de tous les obstacles. Personnage discret, matois et prudent, il accepte le monde tel qu'il est, et se contente de l'exploiter à son profit. Il se confesse, porte haire et cilice, prend la croix, chante la messe, ce qui ne l'empêche ni de rire de l'enfer, ni de profaner les saints mystères, ni de croquer le milan son confesseur. Sophiste, diplomate, casuiste, dévot, hypocrite, gourmand, paillard, menteur effronté, faux ami, mauvais parent, esprit fort ; à la fois Patelin, Panurge, Tartuffe, Figaro, Robert Macaire : voilà Renart. Il a inventé le fameux *distinguo ;* il aime, lui aussi, *à voir lever l'aurore*. Bohémien sans vergogne, il n'a point de préjugé de caste ni d'éducation : il se fera tour à tour jongleur, médecin, moine, voleur ; et de tous ces métiers, le dernier n'est pas le moins honnête à ses yeux[1]. »

L'antiquité avait déjà fait du renard le type de la ruse. En égyptien, *être renard* c'est être rusé. Il resta le type de la ruse pour les fabulistes, les conteurs et même les hommes politiques. Aristote appelle le renard *callidum et maleficum* (fourbe et mal-

[1] Lenient ; *La Satire française au moyen âge.* 1 vol. in-18, 1859.

faisant). Le *Physiologus* de saint Épiphane signale la ruse du renard contrefaisant le mort pour attirer ses victimes; et au treizième siècle Richard de Fournival, dans le *Bestiaire d'amour*, allant plus au fond, donne les détails suivants sur les mœurs du malin animal: « Le goupil ne vit que de vol et de tricheries. Quand la faim le presse, il se roule sur la terre rouge et il semble être tout ensanglanté: alors il s'étend dans un lieu découvert, retenant son souffle et tirant la langue, les yeux fermés et rechignant les dents comme s'il était mort. Les oiseaux viennent tout près de lui sans défiance, et il les dévore. » Idée qui est exprimée dans la gravure que je donne à la page 30.

« Les animaux, dit Machiavel, dont le prince doit savoir vêtir les formes, sont le renard et le lion. Le prince apprendra du premier à être adroit et de l'autre à être fort. Ceux qui dédaignent le rôle de renard n'entendent guère leur métier. »

Ainsi, dans l'ordre politique, le renard marche avant le lion, l'adresse avant la force.

Les anciens auteurs de blasons pensent comme les fabulistes. Il est vrai que les grands fabulistes pensent comme la nature. Vulson de la Colombière, en sa *Science héroïque*, dit du renard :

« Et en effet, cet animal, attendu qu'il est fin, subtil, rusé, prévoyant et dissimulé plus qu'aucun autre, j'estime qu'il peut représenter ceux qui ont rendu des services signalés à leur prince ou à leur patrie, dans l'exercice de la justice ou dans des ambassades ou autres négociations, où il est plus besoin d'esprit et d'adresse que de violence et de force ouverte. »

Décrivant le blason des Schaden Leipolds, en Allemagne, où l'on voit un renard portant un oison dans son capuchon, la Colombière ajoute : « Cette armoirie représente ceux qui sont remplis de finesse et ruse, et qui, partant, contrefont les gens de bien pour attraper les oisons, c'est-à-dire les niais, les innocents ou les idiots. »

Mais le rôle que joua Renart en iconologie vint surtout du succès considérable du roman. A la suite l'animal obtint de l'art des lettres de naturalisation. Sculpteurs, peintres, verriers, avaient le Renard en grande admiration, à cause de ses aventures plaisantes ; son image fut reproduite à satiété à l'extérieur des églises sur les façades, à l'intérieur sur les chapiteaux, les vitraux ; le symbole de l'animal se glissa même dans le chœur des cathédrales, accroché aux stalles des chanoines.

J'ai indiqué au premier chapitre, la place importante réservée au renard sur le jubé de Saint-Fiacre au Faouet. Dans cette petite église bretonne, l'artiste s'est particulièrement signalé, car en

France, en Angleterre, en Allemagne ou dans les Flandres, l'imagination sculpturale, en ce qui touche le renard, n'est pas considérable. Autant le roman est fertile en inventions, autant les artistes pèchent par la monotonie : il leur suffit de représenter Renart prêchant les poules ou les emportant dans sa robe de moine, ils sont satisfaits.

Au contraire, le sculpteur de Saint-Fiacre témoigne de son admiration pour l'animal par les sources diverses auxquelles il puise. Ici le roman est renforcé par les proverbes.

Un bas-relief fort singulier de la même église prouve en effet que le renard, dans cette occasion, a été sculpté en témoignage de sa grande popularité, et que l'artiste n'a pas voulu en faire une machine de guerre contre le clergé.

A diverses reprises Rabelais parle d'« *escorcher le regnard.* » Gargantua, fréquemment, « escorchoit le regnard. » C'était alors une image favorite pour peindre le déboire des buveurs qui ont trop caressé la bouteille et en sont punis par de nauséabonds vomissements. Bringuenarilles ayant l'estomac trop chargé, un enchanteur, pour le débarrasser de cette accumulation de liquide, lui fait « escorcher un regnard. » Le peuple, et quelquefois les gens d'esprit, abusent de ces métonymies qui, plus tard, mettent aux abois la cervelle des commentateurs.

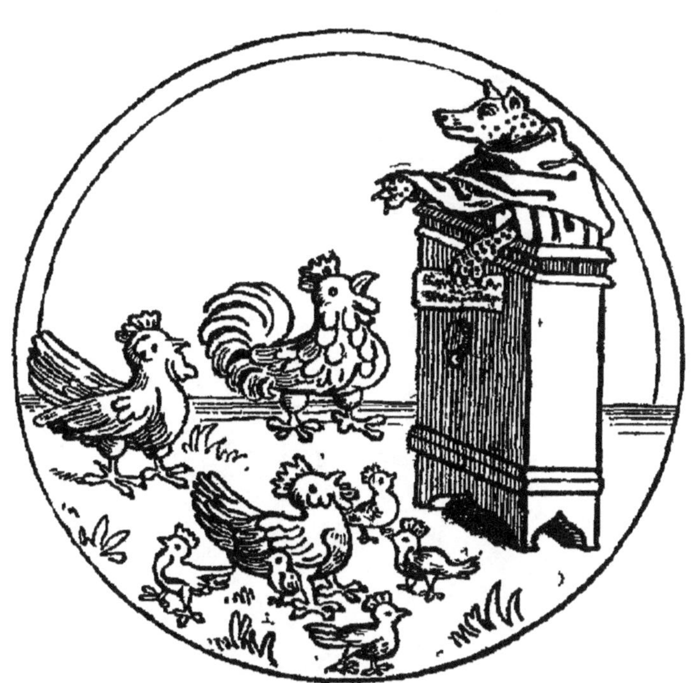

Vitrail de Limoges (xvie siècle)
d'après M. de Lasteyrie.

Je songe à un érudit du siècle qui va suivre, voulant se rendre compte de la signification « d'un homme *qui a une écrevisse dans la tourte.* » Par quelle suite d'inductions ne passera-t-il pas avant d'arriver à ceci : « Qu'une écrevisse dans la tourte » remplaça, dans les vaudevilles de 1868, « *l'araignée dans le plafond,* » image qui avait fait son temps, ayant été considérablement employée à peindre un être dont le cerveau est rempli d'idées bizarres.

« Escorcher le regnard » fait partie de la même

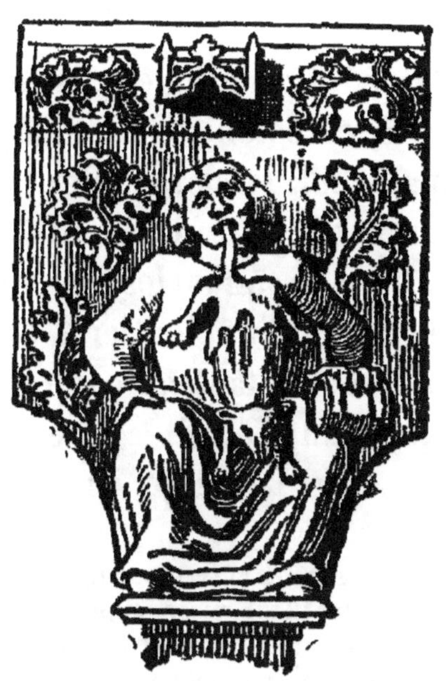

Pas-[illegible] [illegible]-Fiacre au Faouet.

famille de mots populaires ; mais il est au moins singulier qu'un sculpteur imagina de le traduire avec le ciseau sur les murs de l'église de Saint-Fiacre. Là se voit un homme, la main appuyée sur un tonneau qu'il a vidé avec trop d'avidité, et dont les fumées amènent de désagréables et violents efforts jusqu'à ce que définitivement soit « escorché le regnard[1]. »

Ne fallait-il pas, dans ces quelques pages consacrées à Renart, montrer les différentes formes sous lesquelles l'animal se présentait à l'esprit naïf des imagiers? Cette sculpture, symbole de l'ivrognerie, ne se répète d'ailleurs, je crois, dans aucune autre église.

Des murs des édifices religieux Renart descend pour se mêler aux cérémonies publiques.

Sous Philippe le Bel, le clergé faisait des processions au milieu desquelles un renard était conduit en surplis et en tiare, croquant les poules en chemin. Philippe le Bel s'amusait volontiers, et le peuple bien plus encore, de ces facéties contre le pape.

Louis XII également permit ces représentations satiriques sur la scène. Le clergé, en guerre avec les

[1] Cette locution du quinzième siècle est évidemment la mère de celle que les gens du peuple emploient encore aujourd'hui pour peindre les conséquences de l'ivrognerie : « Piquer un renard, » disent-ils. Singulière fortune de certains mots d'un goût au moins douteux, qui ne disparaissent de la langue qu'avec une profonde modification des mœurs! Ce sont les ivrognes des basses classes qui perpétuent actuellement le souvenir du *Roman de Renart*.

moines, favorisait de telles licences. Les poëtes profitaient de ce bon temps pour se moquer à la fois de l'Église et de la royauté. C'est ce qui explique l'audace et la vogue des divers *Romans de Renart* qui succédèrent au premier poëme, remplaçant malheureusement la bonne humeur des conteurs primitifs par des agressions plus amères que comiques.

On voit aussi le renard faire partie des fêtes de Fous, entre autres à la mascarade de la Mère-Folle, à Langres; mais dans ces spectacles l'animal a perdu son caractère symbolique : en compagnie d'ânes, de singes, etc., il se livre, ainsi que le dit du Tillot[1], à « des mimiques ridicules. »

Il semble que Renart ait voulu poser sa griffe sur chaque objet appartenant à l'Église.

Au milieu des arabesques des missels l'animal s'introduit avec ses compagnons, comme dans le *Missale Ambaniensis* de la bibliothèque de la Haye; on y remarque des loups et des renards, habillés en robes de moines, qui chantent au lutrin, et Messire Noble Lion, assis sur un fauteuil, ayant sur la tête une couronne et dans ses mains une bandelette sur laquelle on lit : *Palardie*, *Orgueil*, *Envie*, pendant qu'un carme et un dominicain, figurés par un loup et un renard, semblent des courtisans.

[1] *Mémoires pour servir à la Fête des Fous*, 1741, in-4°.

Il y aurait une iconographie de Renart plus développée à tenter dans l'ordre des manuscrits, si les miniatures étaient à la hauteur du poëme; je me préoccupe plus particulièrement des représentations sculptées à l'extérieur et à l'intérieur des églises.

A Saint-Denis d'Amboise, le loup et sa femme, Ysengrin et Hersant, marchent debout, chargés de leur bagage et appuyés sur un bâton. Sur un chapiteau du onzième siècle, dans la nef de l'église Saint-Germain des Prés, on voit aussi le renard; mais l'animal s'acclimate plus volontiers dans le chœur des églises, comme à Mortemart et Eymoustiers où le renard joue de la flûte sur les miséricordes des stalles.

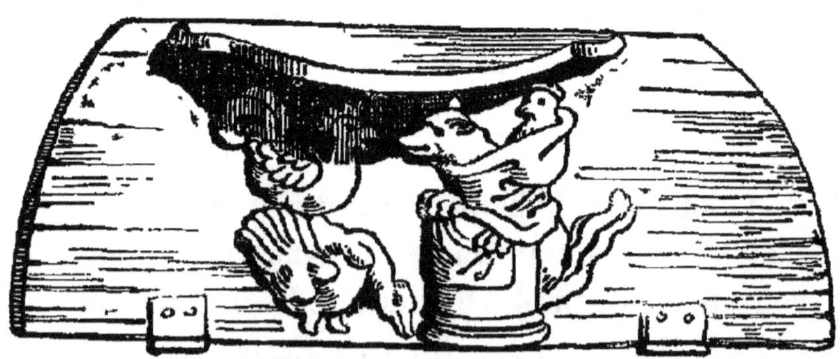

Stalle de l'église Saint-Taurin d'Évreux.

A Saint Taurin d'Évreux, sous la miséricorde d'une stalle du chœur, un imagier a sculpté les effets de l'éloquence du goupil : déjà une poule est entrée dans le capuchon du froc, qui lui sert de bissac. Une seule volaille ne suffit pas à son appétit. Renart cherche à endoctriner un coq et un canard qui picorent aux pieds de la chaire.

Ailleurs, il prêche des volailles et les emporte pour achever leur conversion[1]. A Salignac, où naquit Fénelon, les stalles de l'église représentent des moines à longues oreilles et des renards encapuchonnés prêchant des dindons.

C'est sur un modillon du toit de l'église de Notre-Dame de Nanteuil (Loir-et-Cher), que le sculpteur a placé l'animal guettant une poule et un coq.

Avant de terminer cette nomenclature qui pourrait être beaucoup plus étendue, il faut signaler les analogies à l'étranger.

M. Thomas Wright[2] cite dans une église du Christ-Church, (Hampshire), la sculpture d'un renard en chaire et derrière lui un petit coq qui semble le bedeau. Il signale également, sur les vitraux de l'église Saint-Martin, à Leicester, un renard habillé en moine, faisant un sermon à un troupeau d'oies auxquelles il dit : « Dieu m'est té-

[1] Voir les stalles de Notre-Dame d'Amiens, de Cuiseau (Saône-et-Loire), de Sirod (Jura), de Bletteraus (Jura), de Saint-Léonard le Noblac (Haute-Vienne), etc.

[2] *Histoire de la caricature et du grotesque dans la littérature et dans l'art*, 1 vol. grand in-8°, 1867. Au bureau de la *Revue britannique*.

moin combien je voudrais vous avoir toutes dans mes entrailles. »

Les stalles de Sainte-Marie, à Beverley (Yorkshire), de Nantwich (Cheshire), de Boston (Lincolnshire), sont ornées de renarderies analogues.

Mêmes sujets en Allemagne et dans les Pays-Bas.

Sous la chaire de Pforzheim, près Carlsruhe, un renard porte une volaille dans son capuchon de moine et épie toute une basse-cour, occupée à écouter pieusement un sermon.

M. Ch. Potvin[1] rapporte que les stalles de l'église d'East-Brent montrent une cérémonie religieuse et à côté un renard pendu par une oie.

Après de si nombreuses tournées dans les églises, le renard devait montrer son museau et continuer son rôle dans la vie civile. Il devient tout à la fois sobriquet, marque d'imprimerie, enseigne de marchand.

En 1112, les bourgeois de Laon sont en lutte avec leur évêque, qui ne trouve pas de plus grave injure pour qualifier le chef des opposants que de l'appeler *Isengrin*.

Quelques imprimeurs du seizième siècle qui s'appelaient Lecoq ou Renart, noms fort répandus en

[1] Préface du *Roman du Renart*, mis en vers. Bruxelles, 1861 1 vol. in-18.

France, prenaient pour marque de leurs livres un renard enfroqué.

On voit à Strasbourg dans la rue du *Renard prêchant*, une enseigne curieuse. En l'an 1600, un certain Fuchs attirait les volailles de ses voisins en les alléchant au moyen de morceaux de pain, puis leur passait un nœud coulant autour du cou. Pris en flagrant délit, ce Fuchs fut condamné par les magistrats de Strasbourg (du moins telle est la légende) à placer au-dessus de la porte de sa maison une tablette représentant l'animal prêchant des canards avec des vers satiriques et l'inscription : « *Ceci s'est passé en l'an* 1600 *lors d'une visite de maître Renard chez les canards*[1]. »

Quand le renard eut lassé le ciseau et le pinceau, l'imprimerie vint lui redonner une nouvelle vie. Combien, depuis la Renaissance, de livres illustrés ont popularisé les aventures du goupil sans jamais fatiguer la curiosité des bibliophiles et du peuple ? Avec les *Quatre fils Aymon* et *Charlemagne*, Renart partagea longtemps la faveur des pauvres gens. J'ai sous les yeux des livrets populaires que les Flamands réimpriment sans cesse ; à côté se dressent les belles éditions allemandes contenant les illustrations de Kaulbach et de Richter.

[1] Voir la vignette représentant cette enseigne à la page 119.

Comme toutes les œuvres qui ont une portée, le Roman de Renart a enthousiasmé plus d'un grand esprit de cette génération. Les Allemands, Jacob Grimm, Gervinus, Rothe, Gœthe placent très-haut ce poëme, sans s'inquiéter de la considérable variété dans la ruse qui effraye quelques natures sentimentales. Naylor y voit « la Bible profane du monde moderne, » ce qui est excessif; et Lautensbergh a dit : « La sagesse profane n'a pas produit de livre plus digne d'être loué que le Renart. »

Il faut prendre garde aux enthousiastes qui créent souvent plus de détracteurs que d'admirateurs.

Renart, comme *Don Quichotte*, *Gil Blas*, *Gulliver*, *Robinson*, s'adresse à tous ceux qui ont réfléchi sur les passions et les vices de l'humanité, aux véritables penseurs et au peuple, qui pense à sa manière.

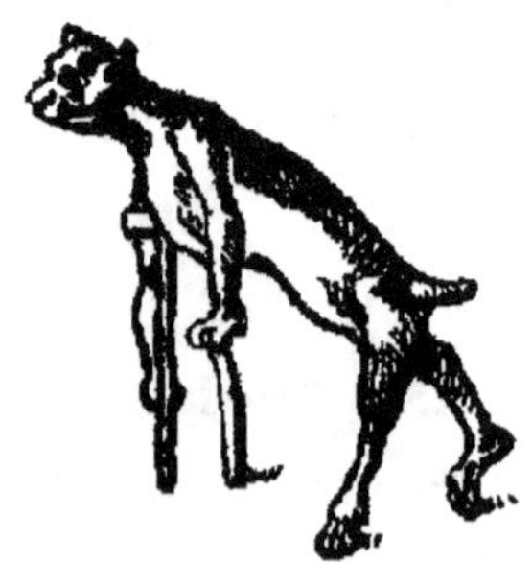

D'après une ancienne miniature.

CHAPITRE VIII

CONSÉQUENCES DU ROMAN DE RENART SOUS LOUIS XV

En 1298, un imagier que les chroniqueurs disent « célèbre, » s'imagina de représenter sur le chapiteau d'une colonne de la nef de la cathédrale de Strasbourg des figures au moins singulières pour le lieu. C'était une parodie des cérémonies de la messe, à l'imitation des scènes du *Roman de Renart*, et le sculpteur avait osé se railler des prêtres à leur face même.

Dans cette procession burlesque, un ours tenait le bénitier et le goupillon; un loup élevait la croix; derrière lui un lièvre l'éclairait de son flambeau; à la suite un porc et un bouc portaient sur les épaules une civière sur laquelle était couché un renard; sous la civière marchaient un chien et un singe. L'autre face du chapiteau représentait un âne, revêtu d'habits sacerdotaux, disant la messe devant un autel sur lequel se voyaient un calice et l'Eucologe entr'ouvert. Le diacre chantant l'Évangile n'était autre qu'un second âne auquel un singe servait de sous-diacre.

Ces figures ont été détruites. Dans une autre ville que Strasbourg le clergé les eût peut-être conservées à titre historique; mais la rivalité de l'Église réformée, qui compte de si nombreux pratiquants en Alsace, la publicité que la gravure donna à ces bas-reliefs, les scènes de désordre qui pouvaient en résulter, firent sans doute ordonner au dix-septième siècle la destruction de telles satires.

On a la certitude de leur conservation, en 1550, par la relation du voyage de l'historiographe Jean Wolff qui, à cette date, étant venu à Strasbourg pour visiter les curiosités de la ville, fut conduit devant ces sculptures, dont il fait mention dans son journal. Un ministre alsacien, Schadeus, semble également les avoir vues, en 1617, car il les mentionne dans sa *Chronique*, et il ajoute que le fameux graveur Mentzer en a fait une planche et en débite des estampes, telles qu'on les voit dans un petit livre imprimé cette même année.

Ces sculptures de la cathédrale étaient donc assez célèbres pour qu'on les citât comme une curiosité de la ville et qu'on conduisît les étrangers devant.

On rencontre souvent de semblables parodies sur les églises du douzième au quinzième siècle ; mais elles n'offrent pas d'habitude un relief satirique si marqué.

A Strasbourg, leur caractère particulier était de se profiler en pleine lumière, dans la nef, vis-

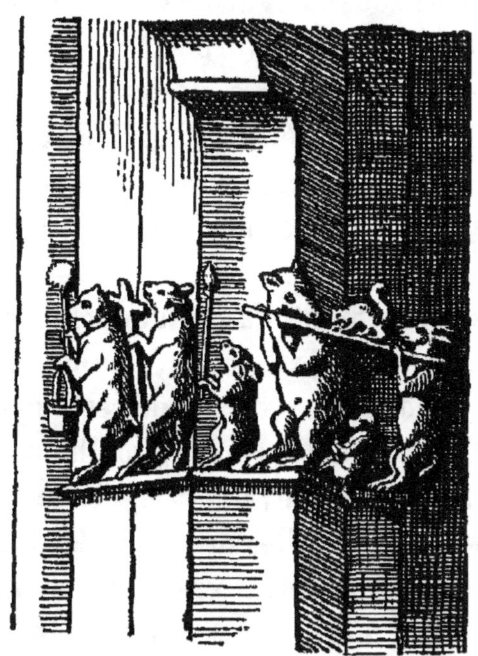

Chapiteau de la cathédrale de Strasbourg, détruit au XVIIe siècle.

à-vis même du prédicateur, ce qui ne se remarque, je crois, dans aucune autre église; aussi les anciens historiens de l'Alsace, loin de tomber dans le gouffre du commode symbolisme moderne où toute chose de couleur noire peut être affirmée blanche, prétendent-ils que l'origine de ces sculptures satiriques venait de luttes intestines entre le clergé.

« Ç'a été, disent-ils, une zizanie et une faction fort animée entre les membres du chapitre de cette église, à partie desquels le graveur s'est prêté pour insulter aux autres sous la figure de différents animaux et de leurs différents naturels. [1] »

Les témoignages de divisions cléricales si bizarrement constatées étaient détruits depuis de longues années quand, en 1728, un ressouvenir des anciennes figures causa un certain scandale à Strasbourg.

Alors vivait obscurément, dans un quartier perdu de la ville, un nommé Tschernein, antiquaire de profession, qui vendait des livres et des estampes de toute nature. Ce marchand avait le malheur d'appartenir à l'Église réformée; il y exerçait des fonctions correspondantes à celles de nos bedeaux.

Un écolier catholique étant entré, le lendemain de la Fête-Dieu de 1728, chez Tschernein, pour acheter un livre, trouva, étalées dans la boutique, des estampes d'après les sculptures satiriques de la cathédrale; il en acheta une feuille et la montra à son professeur, qui, frappé de ces représentations

[1] Une semblable attestation est si particulière que j'y reviendra dans l'épilogue, en y joignant d'autres faits de même nature.

impies, les remit à l'ammeistre-régent, dont l'indignation fut au comble.

Des ordres ayant été donnés, l'autorité se rendit chez le marchand, saisit divers exemplaires de ces images, fit des perquisitions pour trouver les cuivres, ferma la boutique et conduisit Tschernein en prison.

Quant aux preuves gravées, elles passèrent des mains du procureur fiscal dans celles des membres du grand sénat, pour arriver à la connaissance du cardinal de Rohan, qui était venu porter le Saint-Sacrement à la procession de la Fête-Dieu de Strasbourg. Le cardinal envoya ces estampes à la police parisienne, qui, elle aussi, partagea l'indignation générale.

Cependant Tschernein, interrogé, se défendait de son mieux, disant que les images saisies étaient de fabrication ancienne, qu'il en avait acheté le fonds d'un certain Dollhossen, son prédécesseur ; que ces gravures n'avaient rien à voir avec le luthéranisme, étant la copie de sculptures exécutées deux cents ans avant que Luther ne donnât signe de vie ; que jusqu'alors elles avaient été mises sous les yeux du public, dans un livre contenant la description des choses rares et curieuses de la cathédrale ; et qu'enfin lui, Tschernein, quoique protestant, les vendait « sans moindre mépris ni malice pour la religion catholique. »

Toutes raisons excellentes; mais l'accusé était protestant.

Le procès s'instruisit. L'accusation reconnaissait toutefois que l'inculpé n'était ni l'auteur, ni l'imprimeur de ces « infâmes » estampes; cependant « son délit consiste à les avoir tenues dans sa boutique à vente et d'en avoir débité ouvertement, et même dans un temps qui le rend extrêmement suspect d'affectation et de mauvais dessein, vu que le débit s'est fait le lendemain même de la procession de la Fête-Dieu, dont l'auguste solennité et magnificence choque les esprits faibles parmi les luthériens. »

Une partie du réquisitoire mérite d'être conservée :

« On ne peut considérer sans horreur le corps du délit. Y a-t-il rien de plus scandaleux, de plus injurieux à notre religion, de plus impie que ces estampes? L'accusé, tout luthérien qu'il est, devrait en avoir horreur lui-même. L'image de la croix, qu'il doit regarder, aussi bien qu'un catholique, comme l'instrument sacré de notre rédemption; l'image du calice, qui représente la passion et la mort de notre divin Rédempteur; le livre de l'Évangile, toutes ces choses saintes et sacrées représentées sous les pieds des animaux vils et immondes! Comment l'accusé pourrait-il se justifier d'avoir acheté, comme il le dit lui-même, de pareilles estampes, de les avoir exposées en vente, de les avoir tenues dans sa boutique? Quelle horrible impudence, si ce n'est pas affectation maligne et dessein prémédité de les répandre dans le public, par la vente qu'il en a faite dans une occasion où les catholiques venaient de célébrer une de leurs plus augustes cérémonies et à laquelle l'infâme image a trait visiblement. »

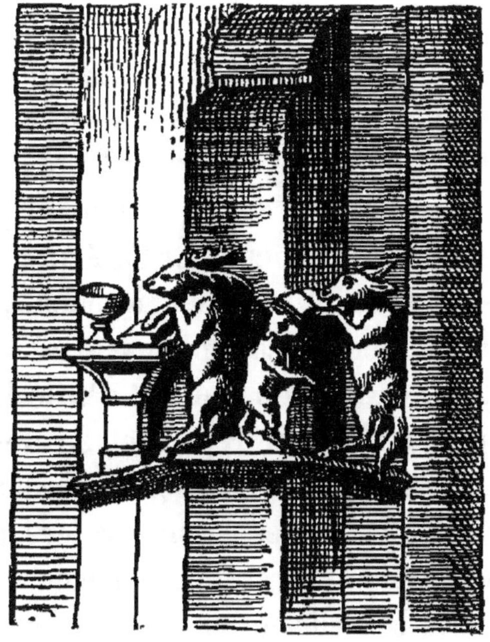

Chapiteau de la cathédrale de Strasbourg.

Il était dit encore que Tschernein, en vendant ces estampes, avait commis un crime plus grand que s'il eût « fabriqué de la fausse monnaie. »

Avec le réquisitoire il faut donner les considérants du jugement.

« Le grand sénat de la ville de Strasbourg, ayant pris connaissance du procès extraordinairement instruit à la requête du procureur fiscal, demandeur et plaignant contre Jean-Pierre Tschernein, accusé, a déclaré ledit Tschernein dûment atteint et convaincu d'avoir exposé en vente et débité des estampes scandaleuses et injurieuses à l'honneur de la religion.

« Pour réparation de quoi, l'a condamné à faire amende honorable, nu, en chemise, la corde au col, tenant en main une torche de cire ardente du poids de deux livres, au-devant de la porte principale de la cathédrale, où il sera mené par l'exécuteur de la haute justice, et là étant nu-tête et à genoux, déclarer qu'imprudemment et comme mal avisé il a tenu dans sa boutique, exposé en vente et débité des susdites estampes; qu'il s'en repent et en demande pardon à Dieu, au roi et à la justice. Ordonné en outre que lesdites estampes seront brûlées par les mains du bourreau en la présence de l'accusé devant ladite porte de la cathédrale; et a été, ledit Tschernein, banni à perpétuité de la ville et de sa juridiction, à lui enjoint de garder son ban sous les plus grandes peines, et condamné en tous les dépens. »

Heureux antiquaire de s'en être tiré à si peu de frais! Il pouvait être torturé, écartelé et brûlé vif.

Là n'est pas la question. En analysant ce procès dont je dois le texte à M. Charles Mehl, l'intelligent directeur du *Bibliographe alsacien*, je suis frappé surtout par l'effet que la représentation de figures satiriques du treizième siècle produisait au dix-huitième. La licence du moyen âge devient sacrilége, et comme tel, traitée en crime.

Nous jouissons actuellement de plus de tolérance.

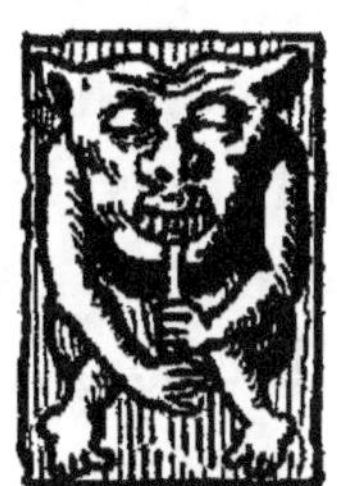

Modillon
de la
cathédrale de Poitiers.

CHAPITRE IX

LE ROMAN DE FAUVEL

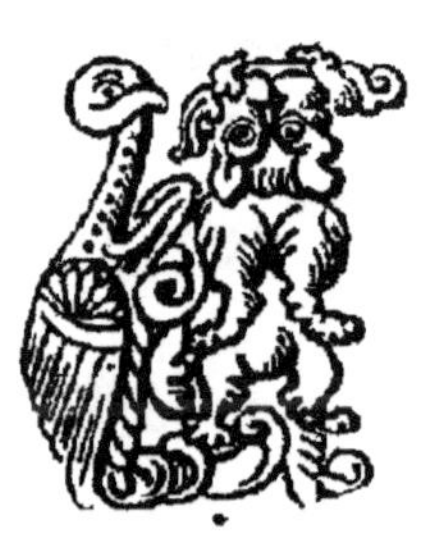

Philippe le Bel avait à lutter contre le pape, les ordres mendiants et les Templiers. Ce fut alors et pour la première fois que la satire servit d'arme à la royauté. Un poëte, François de Rues, composa le *Roman de Fauvel*, dont le type principal était un cheval[1]. En face du noble animal tous baissaient la tête et s'humiliaient : les papes, les cardinaux, les princes, les magistrats, les bourgeois et les gens du peuple.

Chacun flattait, caressait le cheval, « torchait Fauvel, » car le mot devint proverbial.

Longtemps après la vogue du poëme on disait d'un courtisan : « Il torche Fauvel. »

> De Fauvel descent flaterie
> Qui du monde a la seigneurie.

[1] *Fauvel* vient de fauve, a-t-on dit.

Fauvel fut donc la représentation du pouvoir royal, et le poëte explique pourquoi il l'a symbolisé sous l'apparence d'un animal :

Car hommes sont devenus bestes.

Ailleurs il se plaint que la « bestiauté nous gouverne. »

Comme Renart dont il semble une imitation, Fauvel s'incarne dans divers personnages; il porte la couronne du roi et la dépose pour la tiare du pape. Cette dernière incarnation sert au héros à préciser de vives accusations contre le pape qui perçoit les dîmes au détriment de la puissance royale; mais surtout le pamphlet fut dirigé contre les Templiers et plus d'une strophe dicta l'acte d'accusation qui devait allumer le bûcher de Jacques Molay et de ses compagnons.

Je ne veux esquisser que très à la légère la portée du poëme; le fait le plus curieux à observer tient à l'analogie et à la dissemblance des deux œuvres satiriques principales du quatorzième siècle : le *Roman de Renart* et le *Roman de Fauvel*. Renart a duré, Fauvel a péri.

Renart est plus libre et a moins d'attaches : sa raillerie, lors même qu'elle s'attaque à l'Église, ne ménage pas les grands; aussi l'indépendant Renart semble-t-il avoir été moins encouragé.

Le sujet de Renart fournissait plus de motifs aux caprices des imagiers que ce cheval mi-homme, dont le corps prête médiocrement au comique. Et, ce-

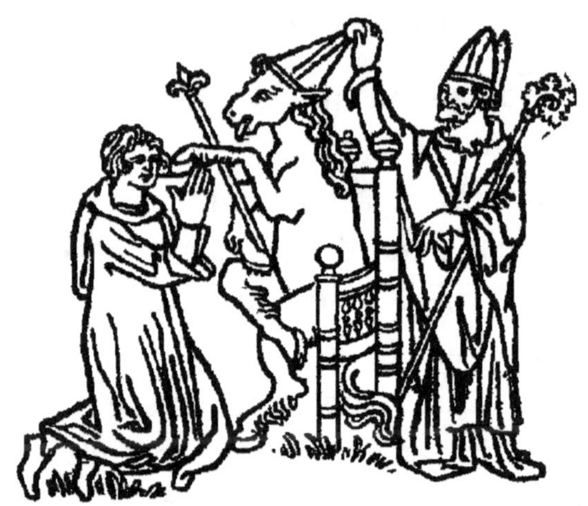

Miniature du *Roman de Fauvel*, d'après un manuscrit de la Bibliothèque.

pendant la représentation des aventures de Renart ne devint guère populaire que deux siècles plus tard, quand les sculpteurs des cathédrales et les artistes flamands qui taillaient les boiseries des stalles firent entrer le goupil dans leur ornementation.

Je remarque, en parcourant divers manuscrits consacrés aux deux héros, que l'exécution des miniatures du *Roman de Renart* est plus négligée et traitée avec moins d'habileté que celles du *Roman de Fauvel*. Les érudits qui s'occupent de l'histoire des manuscrits au point de vue de l'exécution matérielle, diront un jour si des miniaturistes de talent ne furent pas payés par la cour pour rehausser par le coloris les aventures de Fauvel, favorable à la royauté, quand on laissait aux classes moins riches le soin de commander les illustrations de Renart, peu soucieux de chanter les princes et les grands. C'est une hypothèse, et je la donne pour telle; mais combien, de tout temps, d'œuvres et d'hommes admirés par les gens au pouvoir sont-ils rejetés par les gens sans pouvoir, qui n'acceptent pas de mot d'ordre d'en haut pour goûter ce qui est vraiment intellectuel, c'est-à-dire ce qui s'échappe des masses et représente leurs aspirations ?

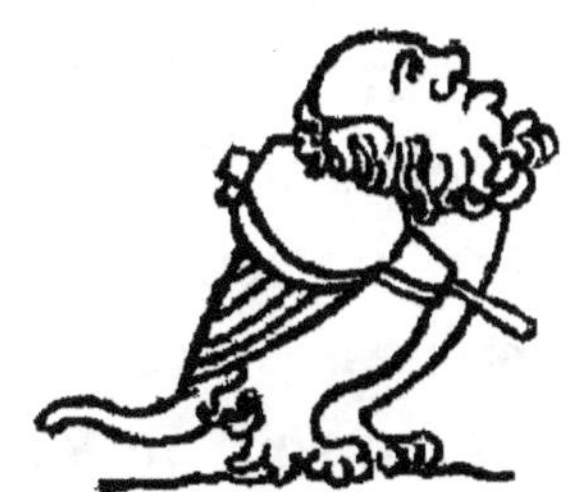

D'après un entomage de manuscrit
du XIVe siècle.

CHAPITRE X

LE NOBLE, LE MOINE, LE SERF

Il y a deux classes bien marquées au moyen âge: la société seigneuriale et féodale, le monde savant et scolastique; les vilains, tenus en servage, ne comptent pas encore, et j'ai longuement cherché sur les monuments trace de leurs rapports et de leur antagonisme avec la féodalité, sans la trouver. C'est à l'état isolé que d'habitude le sculpteur représente le prêtre, le seigneur, le vilain, et, à l'exception des moines souvent bafoués, il ne paraît pas que l'art se soit préoccupé de rendre sensibles ces diverses classes de la société.

Certains archéologues, même ceux dont je me rapproche le plus, et à qui je donnerais volontiers la main, c'est-à-dire les adversaires du néo-symbolisme religieux, sont tombés dans un autre travers, le néo-symbolisme révolutionnaire.

J'ai commencé mes travaux avec l'idée que les pierres des cathédrales étaient les témoins parlants de l'état de révolte du peuple; je les termine sans croire à une si séditieuse éloquence. Enlever à l'art des imagiers son caractère indécis et naïf, plus instinctif que réfléchi, conduit à une impasse où tout homme de bonne foi, s'avouant à lui-même qu'il fait fausse route, est obligé de revenir sur ses pas.

On ne saurait trop appuyer sur ce symbolisme plus inconscient qu'intentionnel. Le peuple qui a, sans doute, le sentiment du juste, du droit et du sain, mais à l'état latent, ne faisait encore que balbutier de timides accusations. Il souffrait sans pouvoir et sans oser exprimer ses plaintes. Toute exaction, tout scandale des hommes des castes privilégiées répondaient en lui, sans qu'il pût donner forme à ses plaintes, car les Juvénal et les Lucien n'apparaissent qu'aux époques de décadence.

Pendant ces époques sans libre examen ni libre pensée, s'il entrait un rayon de lumière dans l'esprit du peuple, c'était à l'état du mince filet de soleil qui se glisse à travers les barreaux dans le cachot d'un condamné.

Un scandale éclatait dans quelque commune, qui ne se reliait à aucun autre fait de même nature;

bien plus tard seulement, l'imprimerie devait s'emparer de ces diverses accusations pour les joindre au casier judiciaire d'une caste.

La piété des sculpteurs, élevés dans les enseignements du cloître, faisait que s'ils représentaient un péché sur les murailles des cathédrales, la Luxure par exemple, cette robe de Nessus qui sert de doublure au vêtement monacal, ils ne croyaient pas faire acte d'agression contre l'Église qui leur commandait de semblables sujets.

L'ensemble des plaintes n'éclata contre le clergé qu'aux époques où le pouvoir spirituel voulut prendre le pas sur le pouvoir temporel; alors l'influence que durent exercer sur l'art les chroniqueurs, les poëtes et jusqu'aux prêtres eux-mêmes fut considérable : il n'en était pas de même au moyen âge.

Dans le concile de Sienne, sous le règne de Charles VII, un discours sur la dissolution du clergé fut prononcé, précis et sans réplique.

« On voit aujourd'hui, s'écrie un des orateurs, on voit des prêtres usuriers, cabaretiers, marchands, gouverneurs de châteaux, notaires, économes, courtiers de débauche; le seul métier qu'ils n'aient point encore commencé d'exercer est celui de bourreau !... Les évêques l'emportent, en fait de volupté, sur Épicure ; c'est entre les pots qu'ils discutent de l'autorité du pape et de celle du concile. »

Ce n'est pas un satirique qui parle, c'est un religieux.

Le même orateur rapporte que sainte Brigitte, étant en extase dans l'église Saint-Pierre de Rome, vit tout à coup la nef pleine de cochons mitrés; elle demanda à Dieu l'explication d'une si fantastique vision : « Ce sont, répondit le Seigneur, les évêques et les abbés d'aujourd'hui. »

Ces animaux immondes et coiffés de mitres, dont parle le membre du concile, font comprendre plus d'un caprice inexpliqué des manuscrits. De telles paroles, parties de si haut, devaient avoir du retentissement dans le monde chrétien : on les traduisit sur le vélin. Il y a là, ce me semble, quelque chose de particulièrement applicable aux sculptures des cathédrales du quinzième siècle.

La Luxure n'a pas été seulement mise en lumière par les troubadours et les poëtes; sculptée avec autant de réalité sur les monuments que les représentations priapiques des anciens, quelquefois un ressouvenir d'art antique se glisse dans de confuses bacchanales où s'agitent des satyres et des moines; il est difficile d'en donner une idée par la gravure, mais la traduction poétique suivante suffit :

« Si j'étais mari, s'écrie le troubadour Pierre Cardinal, je me garderais de laisser approcher de ma femme ces gens-là; car les moines ont des robes de même ampleur que celle des femmes : rien ne s'allume si aisément que la graisse avec le feu. »

La tentation, il est vrai, était forte. Peu de pays où un couvent de nonnes n'avoisinât une abbaye de moines. Une vie sans fatigue, une nourriture que les poëtes disent bonne, favorisaient les rapprochements avec les religieuses dont parle Ruteboeuf dans la *Chanson des Ordres*. Suivant lui, frères quêteurs, jacobins, moines de Cîteaux, cordeliers, carmes,

. . . . Sont près des Béguines,
Ne lor faut que passer la porte.

Le jugement criminel rendu à Strasbourg, au dix-huitième siècle, contre un libraire protestant, et dont j'ai fait l'objet d'un chapitre précédent, mentionne une porte d'airain de la cathédrale, construite en 1545, qui existait encore en 1728 : « On voit, dit le rapporteur, dans un petit carré en sculpture la représentation d'un couvent ; les moines en sortent avec la croix et les bannières, et vont au-devant d'un de leurs frères, qui leur apporte une fille qu'il tient sur ses épaules. J'ai vu moi-même cette figure. »

Érasme, qui n'aimait pas les moines et qui les connaissait bien pour avoir été élevé lui-même au couvent, dit un mot spirituel à propos de cette luxure. Parlant de « moines épais dont le ventre est toujours

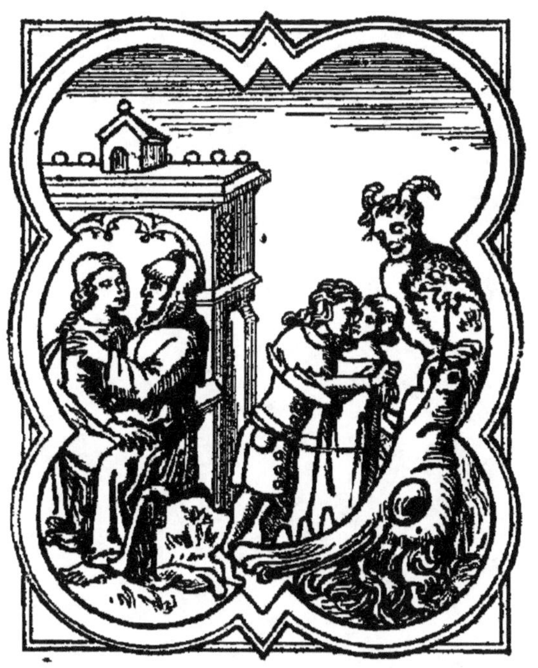

Miniature d'une Bible historiale (n° 167)
de la Bibliothèque.

tendu de nourriture, on les appelle *pères*, dit-il, et ils font souvent en sorte que ce nom leur soit bien appliqué[1]. »

Les Bibles manuscrites sont remplies de semblables sujets : luxure, débauche et gourmandise, et je n'ai eu que l'embarras du choix pour donner un échantillon d'un miniaturiste du quatorzième siècle, qui, à diverses reprises, glisse au milieu de pieux sujets, comme une chose naturelle, des moines qui en contact de trop près avec de jeunes filles, sont exposés, aussi bien que les nobles débauchés, à payer leur faute par les flammes de l'enfer.

Ces remontrances ne s'arrêtèrent qu'à la Révolution, qui poussa un dernier éclat de rire à la vue des moines sortant de leurs couvents pour rentrer dans la vie civile ; elles avaient duré quatre siècles, jusqu'à l'abolition définitive des vœux.

Il ne faut pas croire toutefois que la luxure, représentée sur les murailles des églises, s'attaquât seulement aux moines : hommes et femmes de toutes classes sont dévorés par cette luxure, qui, sous la forme d'un serpent, ronge les parties coupables. Nul vice n'a été indiqué si fréquemment et avec autant de rigueur par les imagiers[2].

[1] Colloque *Virgo μισόγαμος* (la vierge ennemie du mariage).

[2] Quelquefois la luxure est traitée de moins haut et plus cyniquement. A Notre-Dame de l'Épine, près de Châlons-sur-Marne, une

Il en est deux autres cependant que les sculpteurs reprochent particulièrement aux bourgeois et aux gens du peuple : l'avarice et l'ivrognerie. A l'église de Saint-Pierre sous Vézelay, sur un cul-de-lampe qui reçoit les faisceaux de colonnes portant les arcs des voûtes de la nef, on voit une figure curieuse, œuvre des écoles des sculpteurs bourguignons des douzième et treizième siècles.

Sculpture de l'église Saint-Pierre-sous-Vézelay
(fin du XIIe siècle).

« Ce cul-de-lampe, dit M. Viollet-le-Duc, représente un vice, l'avarice, sous la forme d'un buste

sculpture de l'abside représente, me dit-on, une paysanne qui se trousse. Le même motif se trouve sur divers monuments; d'autres font de la femme de mauvaises mœurs une louve.

d'homme au cou duquel est suspendue une bourse pleine; deux dragons lui dévorent les oreilles, restées sourdes aux plaintes du pauvre. »

Le prêt de l'argent, un métier de l'époque, a été particulièrement stigmatisé par les miniaturistes. Une *Bible historiale* et une *Bible moralisée* (manuscrits n°s 166 et 167 de la Bibliothèque impériale) contiennent des représentations fréquentes du maniement de l'or, de l'usure, de la débauche engendrée par les richesses. Quand l'or brille dans un coffre ou dans la main d'un des personnages, aussitôt apparaît le diable qui, comme un commissaire de police saisissant les enjeux dans un tripot, pose sa griffe sur l'épaule du riche et ouvre une large gueule pour l'avaler; mais c'est dans les poëtes qu'il faut en chercher le sens comique, comme dans les *Patenôtres de l'usurier*.

« Je vais à l'église, dit l'homme à sa femme; s'il vient quelqu'un pour emprunter, qu'on accoure bien vite me chercher, car il ne faut quelquefois qu'un moment pour perdre beaucoup. »

En chemin il commence sa patenôtre:

« *Pater Noster*. Beau sire Dieu, donnez-moi donc du bonheur et faites-moi la grâce de bien prospérer : que je devienne le plus riche de tous les prêteurs du monde.

« *Qui es in cœlis*. J'ai bien du regret de ne pas

m'être trouvé au logis le jour que cette bourgeoise vint pour emprunter. Je peux dire que je suis fou quand je vais à l'église, où je ne gagne rien.

« *Sanctificetur nomen tuum*. Je suis bien fâché d'avoir une servante si alerte à gaspiller mon argent.

« *Adveniat regnum tuum*. J'ai envie de retourner à la maison pour savoir ce que fait ma femme. Je parie qu'en mon absence elle se paye quelque poule ou quelque poussin.

« *Fiat voluntas tua*. Je me rappelle que ce chevalier qui me devait cinquante livres ne m'en a payé que la moitié.

« *Sicut in cœlo*. Ces damnés juifs font rudement leurs affaires en prêtant à tout le peuple. Je voudrais bien faire comme eux.

« *Et in terra*. Le roi me tourmente bien en prélevant si souvent des tailles. »

L'homme arrive à l'église, commence son *Pater;* mais à peine le prédicateur est-il monté en chaire que l'usurier crie *Amen* et se sauve chez lui.

« Je m'en veux retourner, dit-il. Le prêtre va sermonner pour traire notre argent de la bourse. »

L'ivrognerie est presque aussi fréquemment répétée sur les murs des églises que l'avarice ; les sculpteurs ne manquaient pas de modèles de buveurs. A l'église Saint-Gille à Malestroit, on voit un bas-relief qui doit être une symbolisation de l'ivrognerie. Un homme introduit sa langue par la bonde d'un tonneau, comme pour le vider tout entier.

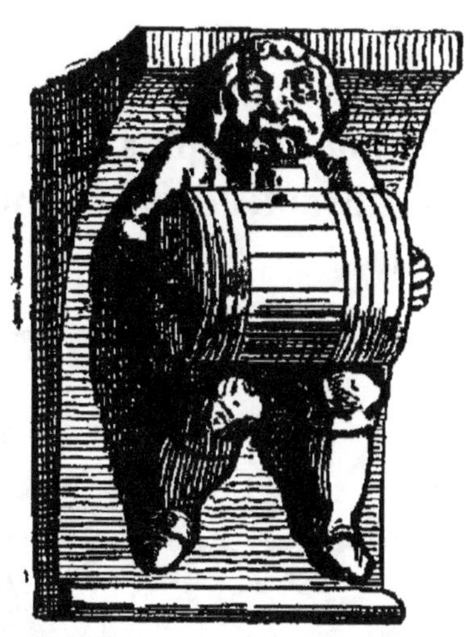

Figure de l'église Saint-Gille, à Malestroit (Bretagne).

Cette représentation des vices conduit naturellement aux fautes ; mais celles-ci sont traduites d'une façon familière, à la flamande : ainsi à l'église Notre-Dame de Saint-Lô, dans la Manche, par le maître d'école qui donne le fouet à un enfant, le sculpteur a sans doute voulu symboliser la désobéissance, la paresse.

Un artiste, M. Bouet, qui a beaucoup fait pour la vulgarisation de l'archéologie en sa qualité de dessinateur attaché à M. de Caumont, m'indique à l'église de la Trinité, à Falaise, un support de gargouille qu'il croit représenter la *Dispute de la culotte*, symbolisation suivant lui d'un vice, la Discorde. Le quinzième siècle est prodigue de ces scènes domestiques ; à l'imitation des conteurs de fabliaux, de nombreuses sculptures témoignent des débats de l'homme et de la femme, et le plus souvent, comme dans le bas-relief suivant, le vieil homme est conduit par la jeune fille.

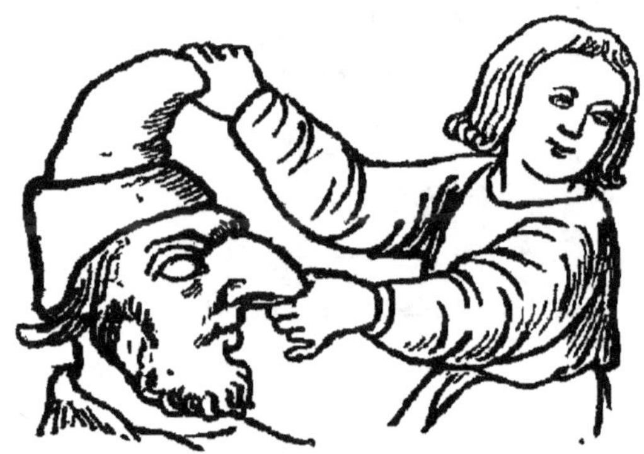

Sculpture du portail de l'église de Ploërmel, d'après un dessin communiqué par M. Bouet.

M. Charles Magnin fait observer que, jusqu'au quinzième siècle « le serf difforme avait été le type grotesque de la statuaire hiératique ; par représailles, le moine fut le type bouffon de la sculpture après Luther. » De chaque côté de l'arcade du portail de l'abbaye de Saint-Denis sont posés des personnages que M. Magnin explique ainsi : « Ces petites figures sont de véritables types ; la laideur de ces figures était consacrée comme celle des masques des anciennes comédies grecques; mais on ne s'aperçoit de leur caractère typique que quand on les voit invariablement reproduites sur les portes de presque toutes les abbayes des onzième et douzième siècles[1]. »

Un autre archéologue, M. Saunier, force encore la note:

« Dans la plupart de ces représentations on remarque certains personnages grotesques, qu'à leur attitude pénible et à leur face grimaçante, on pourrait prendre pour des diables, mais qu'à leur forme et à leur mise, qui n'ont rien que d'humain, on reconnaît être des serfs. La laideur de ces figures était consacrée, car on les voit invariablement reproduites dans la même attitude et toujours à la même place sur les portails des abbayes des onzième et douzième siècles. Les moines s'étaient plu à ridiculiser ainsi le malheureux que sa position dans l'échelle sociale mettait sous leur dépendance, et à en faire le plastron des railleries de l'époque. Le quinzième siècle vient venger le serf transformé en homme libre, en bourgeois, en artiste, en produisant de satiriques représailles. C'est à cette époque que le sarcasme contre les gens d'Église et les moines prit sa place au

[1] *De la statue de la reine Nantechild.* (*Revue des Deux-Mondes*, 1832.)

portail, sur les murs et jusque sur les stalles de l'église elle-même. »

Chaque époque a sa façon de voir, de sentir et d'interpréter. On s'est beaucoup moqué des peintres et des poëtes de la Restauration qui croyaient interpréter la Renaissance : la noble dame et son blanc palefroi, les tuniques abricot à crevés, les destriers et les toques crénelées constituèrent un troubadourisme de convention dont s'égayèrent à juste titre les romantiques. J'ai peur que le serf condamné par l'Église à la situation dégradante de cariatide ne commence également à passer de mode.

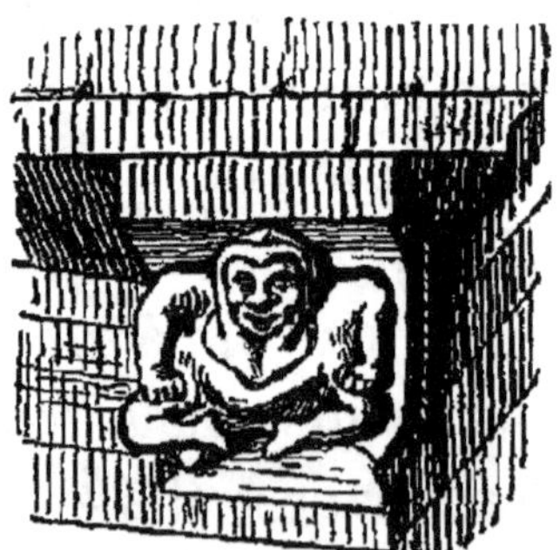

Corbeau de l'église basse de Rosnay (Aube), (XIIe siècle).
D'après un dessin de M. Ch. Fichot.

Dans ce personnage soutenant une voûte, faut-il vraiment plaindre le serf courbé sous le poids de l'Église? On peut y perdre quelques phrases à effet, mais ici, comme dans bien d'autres monuments, le sculpteur a tenté de corriger l'inflexibilité de lignes géométriques par l'adjonction d'un caprice ornementatif. Libre aux partisans du néo-symbolisme révolutionnaire de gémir à la vue de ce monument sur les souffrances de l'homme du peuple ; j'y vois un cul-de-lampe de fantaisie. Le public prononcera, ayant les pièces sous les yeux.

Toutefois l'époque ne se passa pas sans représailles du vilain contre le seigneur. Le serf était aussi pressuré par le seigneur que par le moine, et l'esprit de révolte pointait à l'égard des grands à la fin du moyen âge. Quand le poëte du *Roman de la Rose*, Jean de Meung, dit des princes :

> Car leur cors ne vaut une pome
> Plus que li cors d'un charetier,

alors un principe égalitaire est affirmé qui dénote peu de respect pour le trône. Certains monuments, mais plus rares, témoignent de semblables hardiesses.

Quelques sculptures représentent les rois et les empereurs entraînés dans les enfers. Dans la figure ci-contre (page 169) on croit que le sculpteur a voulu représenter sur le portail de l'église Saint-Urbain, le clergé, la noblesse et le peuple. La diablesse entraîne avec le pape et le roi un personnage au cou duquel pend un gros sac d'écus. C'est encore le symbole de l'avarice. Ces sculptures contre la royauté étant rares, on en a conclu que l'oppression civile était moins dure que l'oppression religieuse; les cahiers de doléances du peuple aux approches de 1789 témoignent du contraire.

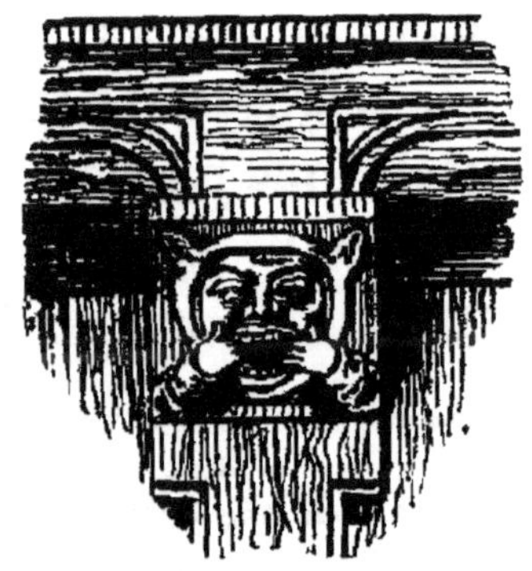

Détail d'une maison de bois de Troyes
(XVIe siècle).

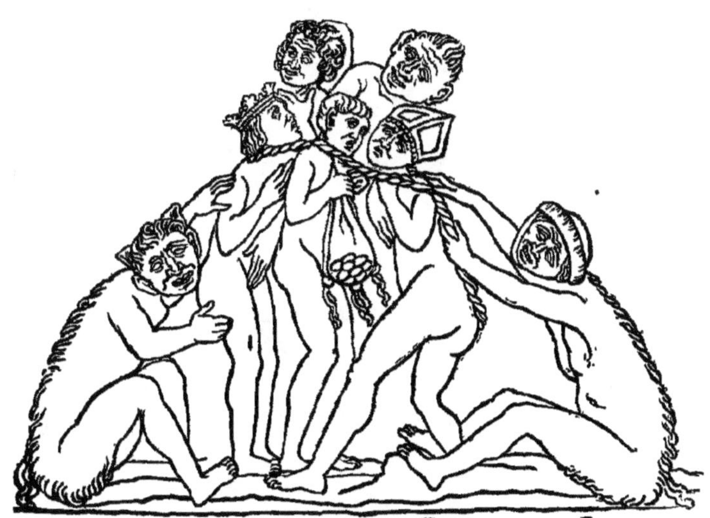

Bas-relief du portail de l'église Saint-Urbain, à Troyes.

CHAPITRE XI

MINIATURES DE MANUSCRITS

A dater du commencement du quatorzième siècle, l'intention comique perce et devient lucide dans certaines miniatures de manuscrits.

Les grands dépôts publics sont pleins de richesses d'ornementations grotesques, principalement dans les entourages de pages, et rien que ces détails fourniraient matière à un ouvrage intéressant si la rédaction des catalogues avait été mieux comprise.

Il arrive souvent qu'un manuscrit historié contient des miniatures sérieuses en regard d'entourages où des bamboches se livrent à mille caprices. Ces motifs, à part quelques exceptions, ne sont pas signalés dans les catalogues de nos grandes bibliothèques. L'homme de bonne volonté qui voudrait donner un échantillon du Caprice aux divers siècles, en est réduit à compulser au hasard et à fatiguer le zèle des conservateurs. J'avertis donc que tout en comprenant l'importance de ces croquis, j'ai dû aller un peu à l'aventure.

Une idée plaisante, la parodie de l'homme par les animaux, dont on voit les premiers jalons sur les monuments, se complète dans l'esprit des peintres. C'est la truie qui file, dont le symbole

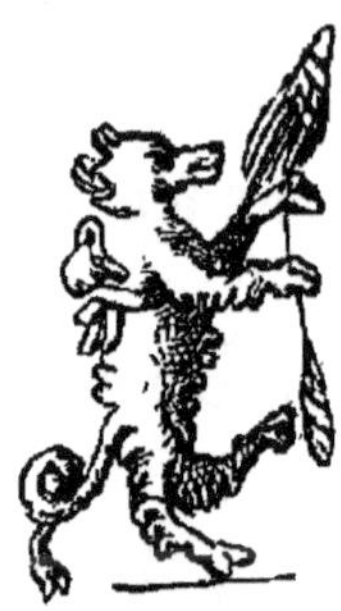

D'après un manuscrit du XIVe siècle.

s'est perpétué pendant près de six siècles, car on en trouve encore quelques reproductions sur les enseignes d'anciennes villes. C'est un animal, loup ou renard, brouettant un limaçon, comme dans le ma-

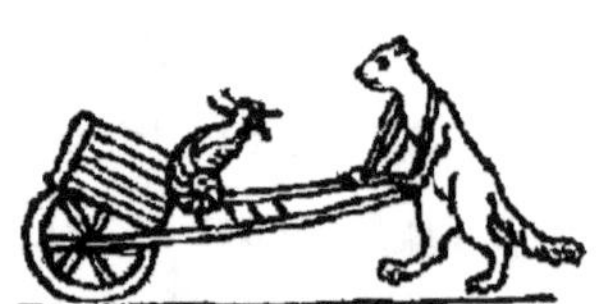

D'après un manuscrit de la bibliothèque de Cambrai.

nuscrit du quatorzième siècle, de Cambrai, dont le motif semble emprunté à une pierre gravée antique.

La chasse est en grand honneur au quatorzième siècle : voilà un chien qui imite ses maîtres ; seu-

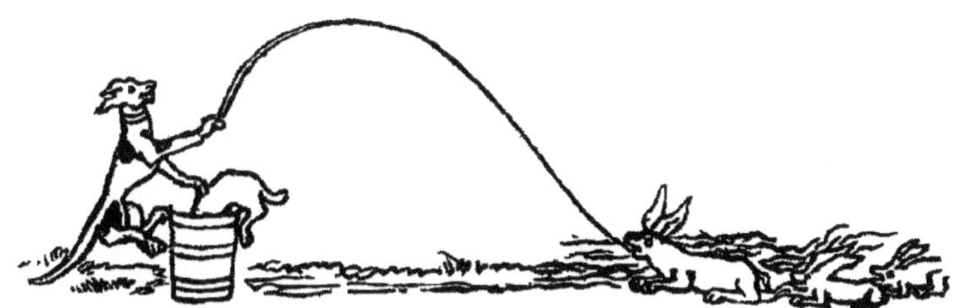

D'après un manuscrit du XIVe siècle.

lement, par une bizarrerie dont le sens est peu clair, le chien prend des lièvres avec une ligne.

Il est regrettable que M. Champollion-Figeac à qui on doit connaissance d'un certain nombre de semblables miniatures, n'ait pas indiqué leur provenance[1]. Ces peintures sont quelquefois d'une invention si particulièrement malséante, qu'il est utile de savoir si elles font corps avec un manuscrit sacré ou profane.

M. Ed. Fleury, dans ses beaux travaux sur les manuscrits[2], n'a pas obéi à un tel système, et si l'auteur avait étendu ses investigations à d'autres bibliothèques que celles de l'Ile-de-France, nous aurions aujourd'hui une importante série de documents à l'aide desquels les sujets des miniatures mis en regard pourraient être élucidés plus facilement.

Dans un manuscrit du quatorzième siècle de la bibliothèque de Soissons, le *Missale Suessionnense*, on trouve un spirituel caprice, qui certainement

[1] *Louis et Charles d'Orléans. Leur influence sur les arts*, in-8, 1844. Les planches de cet ouvrage sont troublantes pour l'érudit. M. Champollion-Figeac a détaché de petites figures de compositions de miniatures, sans y joindre aucun renseignement, et ce n'est qu'à l'aide de M. Michelin, conservateur du département des manuscrits à la Bibliothèque, que j'ai pu retrouver certaines sources où a puisé l'auteur de *Louis et Charles d'Orléans*.

[2] *Les Manuscrits à miniatures des bibliothèques de Laon et de Soissons*, 2 vol. in-4°, avec figures, 1863-1865. Didron, Dumoulin.

contient une arrière-idée de ridiculiser les tournois. Un lièvre et un coq, la lance en avant, le bouclier protégeant le corps, se précipitent à toute vitesse l'un contre l'autre et s'envoient de vigoureux coups d'estoc. Le lièvre est monté sur un chien, le coq sur un renard ; à l'exemple du Bertrand de Robert-Macaire se sauvant sur le cheval du gendarme, les deux animaux timides ont enfourché leurs redoutables adversaires.

Ces parodies de tournois sont également sculptées et peintes dans d'autres endroits. On voyait jadis, sur une cheminée de l'hôtel de Jacques Cœur, à Bourges, un carrousel de chevaliers montés sur des ânes. Un archéologue, qui a dessiné la cheminée avant qu'elle fût détruite, dit à propos des figures : « Malgré le respect que l'on devait avoir pour ces nobles exercices (les tournois), nous trouvons ici la farce la plus grotesque qu'il soit possible de voir ; ce ne sont pas de brillants et valeureux chevaliers, portant de pesantes armures et montés sur de fougueux coursiers, mais de simples paysans, sur de paisibles baudets, ayant pour rondaches des fonds de paniers et des cordes pour étriers. Les valets et les héraults d'armes sont des garçons de ferme et des porchers ; l'un porte un faisceau de bâtons ; un autre sonne du cornet à bouquin ; l'un des champions a la figure cachée par une espèce de camail

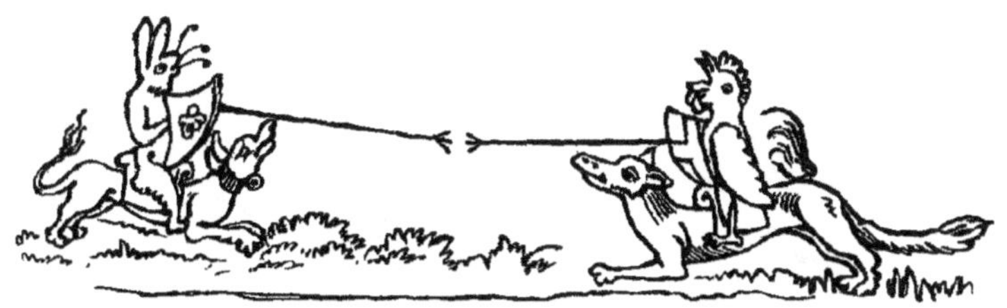

D'après le *Missale Suessionnense*,
manuscrit de la bibliothèque de Soissons (XIVe siècle).

et porte à son chapeau une plume de coq : tels étaient peut-être les délassements du peuple, car les hommes du peuple ont toujours cherché à copier les grands. Il est probable aussi que ce ne soit qu'un caprice des sculpteurs qui, à cette époque, mettaient un certain mérite à produire des objets fantastiques, propres à récréer les oisifs[1]. »

Ainsi les tournois perdaient de leur crédit dans

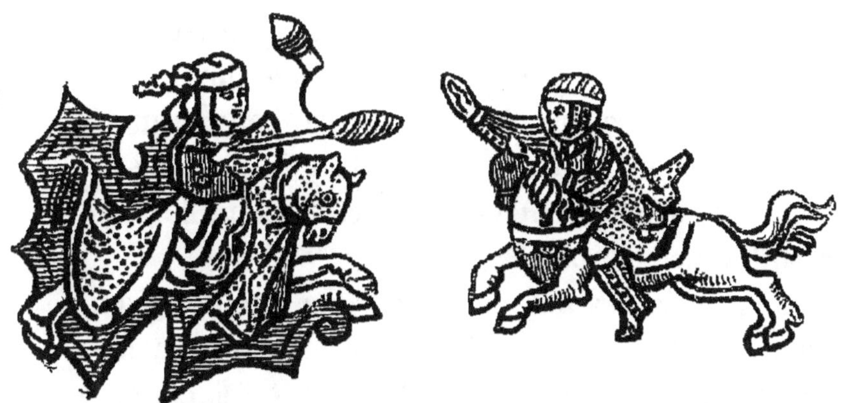

Miniature de l'*Histoire de Saint-Graal* (XIVe siècle).

l'esprit du peuple. Ne voit-on pas, dans un manuscrit du quatorzième siècle[2], une femme à cheval

[1] Hazé, *Notices pittoresques sur les antiquités et les monuments du Berri*, in-4°. Bourges, 1840.

[2] *Histoire de Saint-Graal, jusqu'à l'empire de Néron*, à la Bibliothèque.

combattre avec son fuseau contre un chevalier armé de toutes pièces?

On trouve également à la bibliothèque de Cambrai, dans le *Recueil de chants religieux et profanes*, manuscrit flamand, daté de 1542, une miniature représentant, casque en tête, bouclier au bras, des enfants à cheval sur des tonneaux traînés par une bande de galopins, jouant au tournoi.

Un érudit qui pourrait comparer les divers manuscrits des grands dépôts de l'Europe, apporterait certainement de vives lumières sur ces courants satiriques de diverses époques, si l'initiative individuelle suffisait à de pareilles recherches ; mais ne court-elle pas grand risque d'être abattue, quand elle est si peu protégée par ceux qui parlent sans cesse du développement intellectuel et ne le favorisent qu'en paroles?

C'en est assez des gens de cour qui ne rêvent qu'armes et combats, et font bâtir des salles d'armes à la place de bibliothèques. Ces brutes et ces soudards, pour mépriser l'intelligence et ne reconnaître que la force, sont à juste titre raillés par les miniaturistes et les sculpteurs. Aux nobles coursiers des tournois le sculpteur substitue des ânes, et les chevaliers sont remplacés par des lièvres.

De semblables caprices devaient conduire naturellement à l'idée du *Monde renversé*, un cliché

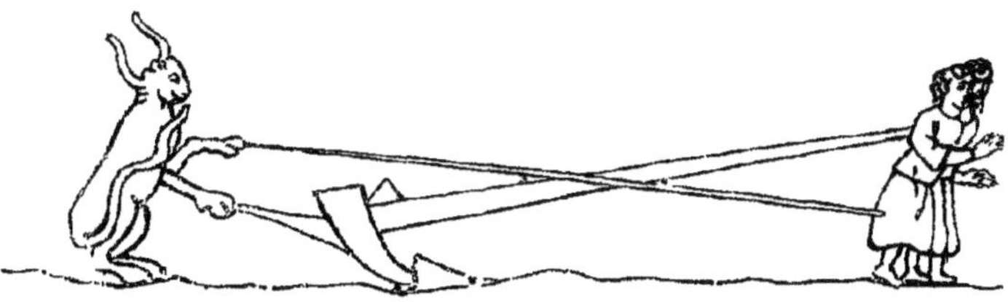

D'aprés un manuscrit de la Bibliothéque (XIVe siécle)

dont les caricaturistes se sont emparés si longtemps. Le bœuf dirigeant une charrue, traînée par deux laboureurs, le lièvre qui emporte triomphalement le chasseur au bout de son fusil, sont des miniatures du quatorzième siècle et on en trouve aujourd'hui encore des redites dans la collection des images d'Épinal.

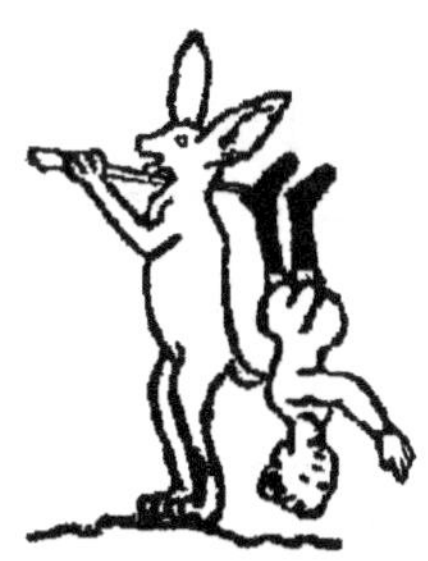

D'après une ancienne miniature.

Un manuscrit du quatorzième siècle, de la Bibliothèque, renferme une miniature d'un ordre plus important (voir p. 189), qui semble le point de départ des railleries contre la toilette des femmes, sujet que les prédicateurs prenaient souvent pour thème.

Une noble dame donne un dernier coup à ses atours, entourée de femmes de chambre, qui ne sont autres qu'une légion de petits diables accourus pour la servir ; l'un présente un miroir, l'autre peigne sa chevelure. Deux diablotins relèvent la traine de sa robe ; d'autres, nichés dans l'ouverture des manches, soufflent dans des instruments de musique, en signe des plaisirs auxquels la dame est appelée. (Voir page 189.)

Cette miniature est la symbolisation des pompes du monde auxquelles Satan convie habituellement la femme.

Dans un autre manuscrit du treizième siècle, les enfants paresseux sont représentés sous forme de singes étudiant en classe, pendant que le magister lève un gros paquet de verges sur le plus indiscipliné de la bande.

Rien qu'au point de vue de l'étude des mœurs, l'érudit, le philosophe, le savant, trouvent dans l'étude des manuscrits toute une mine de détails précieux, à la condition de n'y pas attacher plus d'importance que les miniaturistes qui égayaient leur besogne par un trait plaisant.

Le meilleur commentateur en pareille matière sera le plus humble. Il devra plus dessiner qu'écrire, et les inductions les plus ingénieuses ne vaudront jamais le calque d'un croquis de ces peintres patients dont on se surprend à envier la calme existence.

Quant à ce qui touche aux choses du métier et

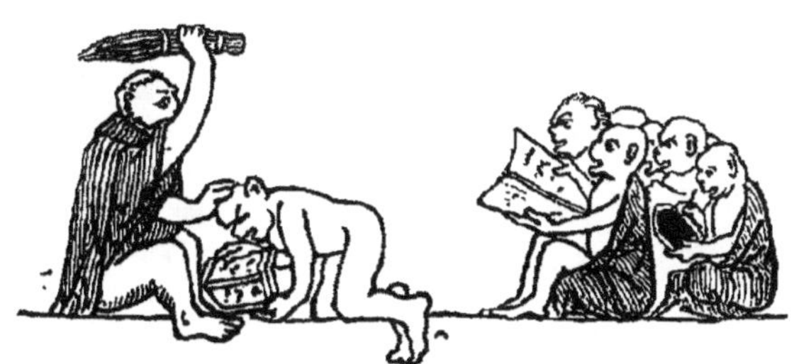

D'après le manuscrit n° 95 de la Bibliothèque (XIII° siècle).

10.

quoique le peintre se laissât aller à sa libre fantaisie, j'imagine cependant que la besogne était divisée comme pour les sculpteurs de cathédrales, les uns *tailleurs-imagiers* ou sculpteurs de statues, les autres *tailleurs-folliagers* creusant dans la pierre les feuillages, les ornements et les rinceaux. Il y avait sans doute des miniaturistes chargés de traiter les sujets pieux et d'autres ornemanistes pour égayer les sujets bibliques par des caprices. Comment expliquer que le même peintre qui dessinait une Annonciation, la Vierge en prières et un Ange lui annonçant la bonne nouvelle, ait pu ajouter dans l'entourage de la miniature un Fou qui se frappe sur la fesse?

« Le but, dit M. Le Roux de Lincy, que se proposait, croit-on, l'artiste, était de représenter au lecteur pieux les vices, les mauvaises pensées auxquels il était le plus enclin [1]. »

Il me paraît difficile à admettre que, dans un Livre d'Heures exécuté spécialement pour la dame de Saluces, le Fou en question fût appelé à dissuader la noble dame de se frapper sur un endroit inconvenant, pour la désignation duquel les Anglais ne trouveraient pas assez de circonlocutions. La leçon eût été peu galante.

[1] Le Roux de Lincy, *Notice sur la vente Yemenız.*

Du quatorzième au quinzième siècle, époque à laquelle furent exécutées ces miniatures, l'art ne se pique guère de pruderie. Un pinceau naïf et innocent retrace de bouffons *obscœna* qui ne troublent en rien les yeux d'une grande dame ouvrant son Livre d'Heures à l'église.

Il ne faut pas porter au compte des siècles passés notre science d'impuretés, qui a donné naissance à un *cant* hypocrite plus immoral que l'immoralité même.

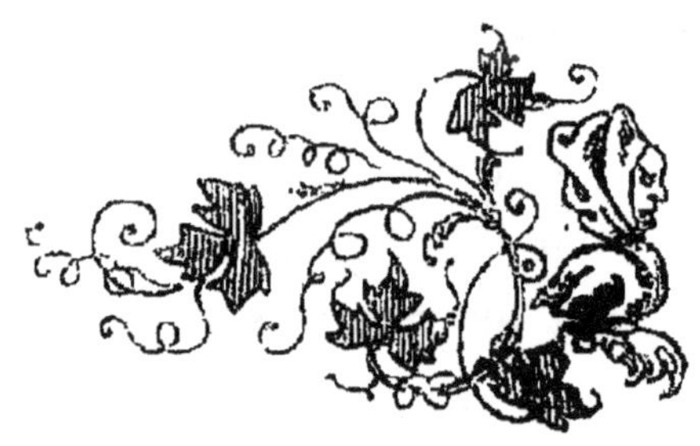

D'après une lettre ornée d'ancien manuscrit.

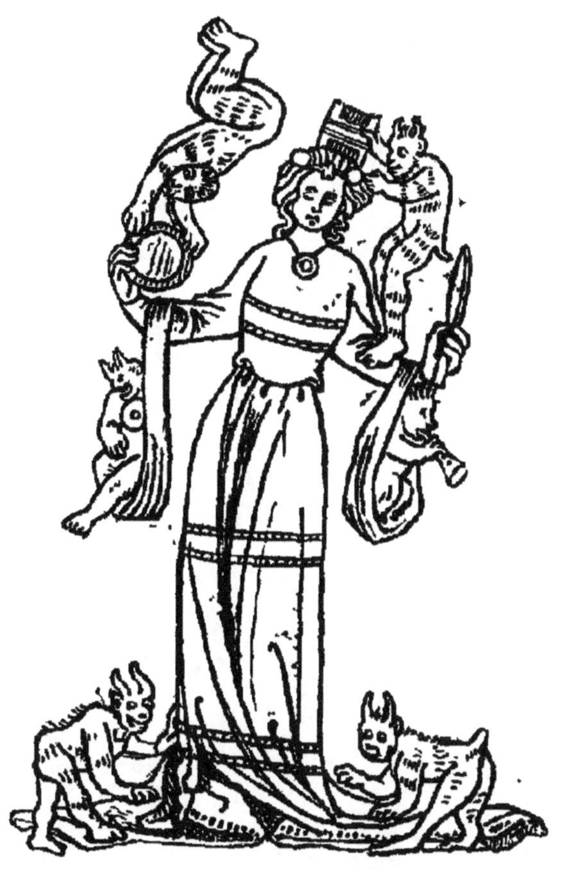

Manuscrit de la Bibliothèque (XIVe siècle).

D'après un dessin communiqué par M. Alfred Darcel.

CHAPITRE XII

ARCHITECTURE RELIGIEUSE. — LA MAISON DES TEMPLIERS, A METZ

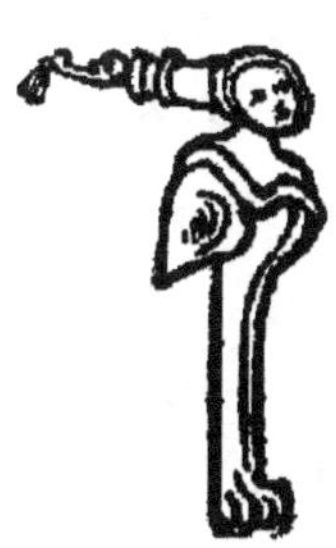

En 1854, un jeune archéologue lorrain qui débutait dans la science par des découvertes déjà d'un grand intérêt, avisa, dans un magasin à poudre de Metz, qui fait partie d'anciens bâtiments appartenant aux Templiers, des fresques sur une poutre dont à juste titre il réclamait la conservation.

En véritable artiste, qui veut que tous profitent de ses découvertes, M. de Saulcy envoya les dessins des fresques à Langlois du Pont-de-l'Arche, l'archéologue normand : celui-ci comprit toute l'importance de semblables monuments et annonça dans un de ses ouvrages qu'il y reviendrait plus tard. Langlois mourut sans donner suite à son idée ; heureusement les fresques avaient été décrites à cette époque par M. de Saulcy avec une telle précision, qu'entreprendre d'en donner une meilleure indication serait la preuve d'une vanité excessive.

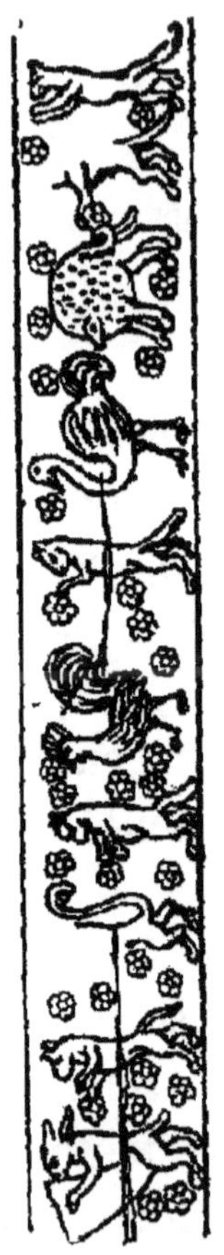

Fresque de la maison des Templiers, à Metz, d'après un dessin de M. de Saulcy.

« Elles présentent, dit-il, tout ce que l'imagination du peintre peut enfanter de plus grotesque; c'est une longue procession d'animaux réels ou fantastiques dans des attitudes variées. Ceux qui figurent les premiers, tournant le dos à la muraille dans laquelle sont percées les fenêtres, sont un chat et peut-être un veau, dressés sur leurs pattes de derrière : le troisième semble un énorme verrat moucheté de noir, mais à la tête tout à fait fantastique; vient ensuite une autruche, puis un renard dressé sur ses pieds de derrière marchant à la suite d'un coq; devant celui-ci paraissent trois animaux dressés sur leurs pattes, et que je ne reconnais pas. Celui du milieu, qui se distingue par une queue monstrueuse, semble jouer avec un bâton.

« Ce groupe est précédé par un lièvre qui porte

un triangle entre ses pattes de devant, puis par un griffon tenant un objet indéterminé entre ses griffes. Les deux animaux suivants sont fort effacés; on reconnaît cependant au premier des cornes énormes, et le second semble jouer des cymbales. Vient ensuite une licorne portant un paquet sous la patte droite de devant; peut-être est-ce une musette qu'elle tient ainsi. Un singe marche devant et jette en l'air un bâton qu'il s'apprête à rattraper; puis paraît un renard qui tient un livre ouvert: un veau lui succède et porte un objet indéterminable. En avant se voit un ours qui semble écouter avec attention un renard tourné de son côté et gesticulant dans une sorte de chaire à prêcher; un autre animal, adossé à ce renard, est également placé dans une chaire et lève les pattes vers un animal fantastique, moitié lièvre, moitié daim, qui s'appuie sur un long bâton et porte de la patte droite un calice élevé. Un renard qui marche derrière celui-ci semble le tenir avec une double corde.

Fresque de la maison des Templiers, à Metz.

« Plus loin parait, dans une tente et sur un lit de repos, un veau nonchalamment appuyé sur les pattes de devant, dont il se fait un oreiller; un léopard semble adresser la bienvenue à un énorme chien, qui s'appuie sur un bâton de voyage et porte son paquet sur le dos. Vient ensuite un animal marchant aussi à l'aide d'un bâton et entraînant derrière lui avec une corde un porc, qui semble faire les plus grands efforts pour résister et pour s'accrocher aux pattes d'un autre animal bizarre, qui paraît vouloir le retenir. Enfin un sanglier est enchaîné à une espèce de poteau.

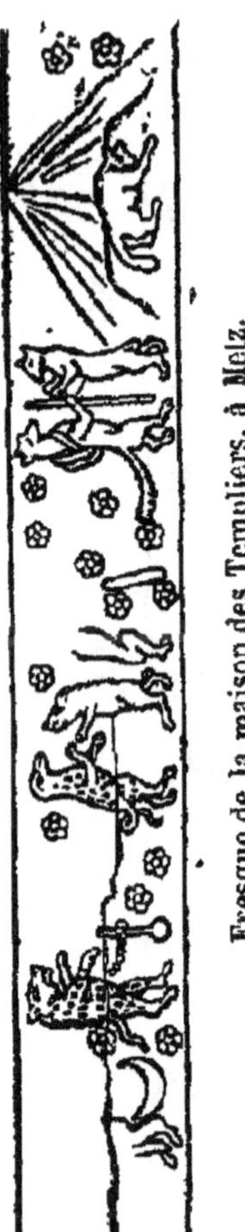

Fresque de la maison des Templiers, à Metz.

« Telle est la série des scènes burlesques que le peintre a tracées sur la poutre. Ces représentations avaient-elles une signification mordante, ou ne sont-elles que les fruits d'une imagination capricieuse d'artiste? Je laisse à de plus habiles le soin de le décider [1]. »

La signification des curieux dessins que M. de

1. *Mémoires de l'Académie de Metz*, 1834-35.

Saulcy offrait à la science archéologique n'a pas été donnée, quoique la découverte de ces fresques remonte à l'année 1834. Et pourtant, aux questions que se posait l'érudit sur le caractère de parodie ou purement capricieux de telles figures, il me semble facile de répondre.

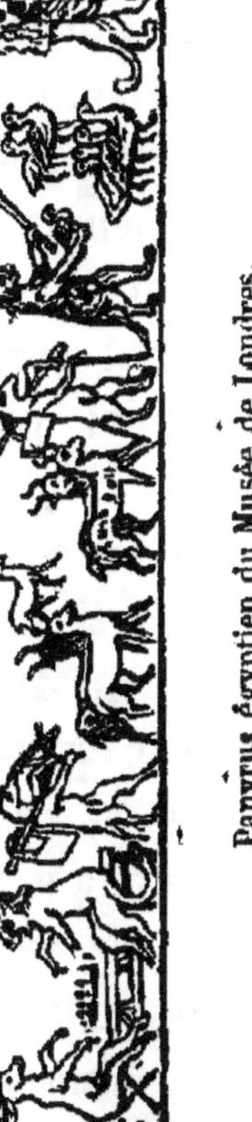

Papyrus égyptien du Musée de Londres.

Il se peut que ces sujets et bien d'autres de même nature qui se remarquent sur les manuscrits, le bois, la pierre, les vitraux, soient les jeux d'une imagination confuse ; mais ce qui me frappe tout d'abord dans cette procession d'animaux est l'analogie absolue avec ceux des papyrus égyptiens que M. Lepsius et les égyptologues appellent « satiriques ». Certaines figures de Metz semblent calquées sur celles du papyrus de Londres, ainsi le renard en voyage, un paquet sur le dos, un bâton à la main. J'ai donné dans l'*Histoire de la caricature antique* trop de détails à ce sujet pour y revenir.

Ici le moyen âge se rencontre avec l'Égypte ancienne, et on se demande s'il est possible que des compositions découlant de civilisations si diverses aient pu naître, à la fois, dans deux imaginations par le seul fait du hasard? Je ne le crois pas. De semblables analogies ne peuvent exister sans point de jonction. Aussi à travers les arts suit-on un fil conducteur, comme à travers les langues des peuples, leurs traditions et leurs religions. J'ai montré qu'au début, l'art chrétien n'est souvent séparé que par un court trait d'union de l'art païen : dans l'aurore du christianisme, se fondent les derniers rayons du paganisme; mais ici je remarque un fait semblable à ceux qu'ont si souvent consignés les physiologistes qui s'occupent d'hérédité. L'art fait un retour en arrière et le curieux peut suivre la courbe qui du moyen âge va directement à l'Égypte ancienne, ce qui s'explique par la vie agitée des Templiers qui n'est pas sans rapport avec celle des Saint-Simoniens pendant sa courte période.

Les Templiers avaient beaucoup voyagé, en Orient particulièrement. L'un d'eux rapporta d'Égypte le souvenir de ces représentations d'animaux, qu'il traduisit ou fit traduire par un peintre pour la décoration de la maison de Metz.

De symbole, je n'en vois pas. La parodie des actions de l'homme par l'animal, sur laquelle reviennent fréquemment les anciens, suffisait à une idée décorative. Je n'ose entrer dans les connaissances cabalistiques des Templiers, qui auraient sondé les mystères de la religion égyptienne. Le fait de la poutre historiée me suffit, et les dessins bien plus encore que les commentaires.

De même qu'un grain de blé conservé pendant des siècles dans le tombeau d'un Sésostris peut germer et donner des épis sur une terre française, de même certains papyrus égyptiens fournirent des motifs à l'artiste du douzième siècle.

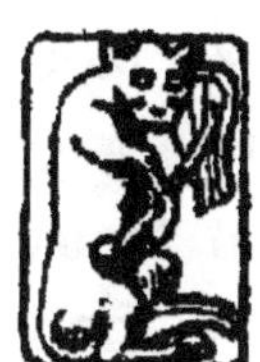

Modillon
de l'église de Poitiers.

CHAPITRE XIII

ARCHITECTURE MILITAIRE. — LA TOUR DESCH A METZ

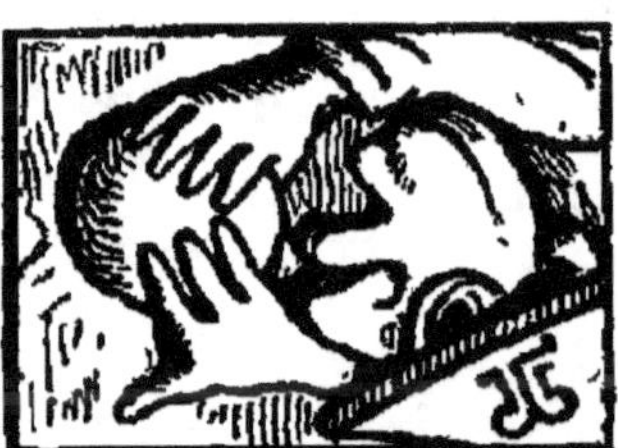

C'est surtout en architecture militaire que les caprices sont rares; naturellement peu de place était réservé à une ornementation dans des édifices où les lignes et les angles sévères de chaque pierre concourent à une utilité immédiate. Rien ne donnait à croire que ces ouvrages de défense pussent trouver place dans une *Histoire de la caricature* si mon ami, M. Lorédan Larchey, n'avait recueilli les détails principaux de la tour Desch, à Metz, qui a fourni des dessins à une intéressante publication [1].

Au commencement du seizième siècle, des seigneurs messins, du nom de Desch, firent élever à leurs frais une casemate avancée pour protéger la citadelle. Cet ouvrage fortifié était percé de canon-

[1] *Origines de l'artillerie française.* Nombr. pl. In-4°, 1863.

nières dont a donné une description exacte M. Larchey, compétent en ces matières :

« Des trous ronds, appelés *canonnières*, servaient au tir de l'artillerie renfermée dans les tours. Ces canonnières affectent en général la forme d'un entonnoir qui va se rétrécissant du côté des servants de la pièce comme une lorgnette dont on a tiré les tubes. Cette disposition présentait l'avantage d'élargir le rayon visuel en offrant moins de prise aux projectiles ennemis ; nous en avons surtout remarqué la trace dans un petit réduit fortifié qui défendait les approches de la porte des Allemands à Metz, et que le génie militaire a eu la bonne pensée de conserver intact. C'est un spécimen excessivement curieux d'ailleurs des caprices artistiques qui pouvaient, au commencement du seizième siècle, con-

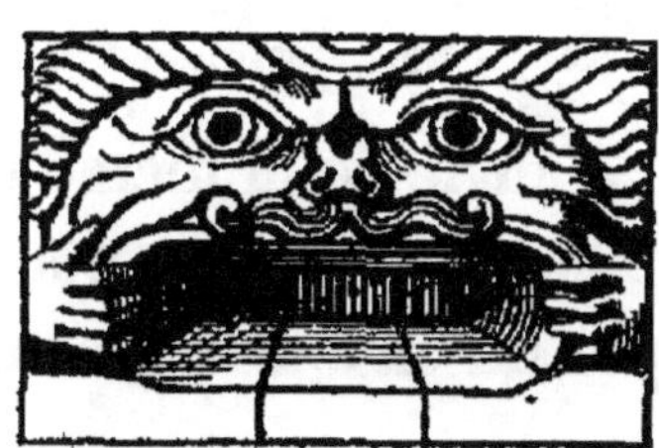

Canonnière de la tour Desch, à Metz, d'après un dessin de M. Lorédan Larchey.

courir aux travaux de défense d'une place. Les cinq canonnières dont le réduit en question est garni, présentent des sculptures semblables à celles dont, vers la même époque, les architectes italiens enjolivaient parfois les portes et les fenêtres. Quatre d'entre elles montrent d'effroyables ou de sataniques figures, qui semblent, en roulant de gros yeux, s'efforcer de cracher encore leurs projectiles. La cinquième, d'une allégorie plus saisissante mais d'un goût moins relevé, est une émanation directe de la grosse gaieté de nos pères. Elle représente un guerrier fort chevelu et fort déculotté, dont le derrière menaçant se charge aussi d'annoncer la canonnade à l'ennemi. »

Sculpture de la tour Desch, à Metz, dessin de M. Lorédan Larchey.

Sur une pierre d'angle de la même casemate, un homme avale un boulet, comme pour se moquer des projectiles que lui envoie l'ennemi. (Voir fig. p. 198.)

On remarquera sur le chapeau de l'homme, et aussi sur le bas-relief du personnage sans-façon qui envoie une décharge tout à fait particulière aux assiégeants, des représentations de *guimbarde*, instrument de musique jadis cher aux Lorrains et aux Alsaciens. Ces guimbardes, sculptées à divers endroits sur le monument, faisaient partie du blason des Desch, qui, par ce détail, ont voulu conserver la mémoire de la part personnelle qu'ils avaient prise à l'érection de la casemate.

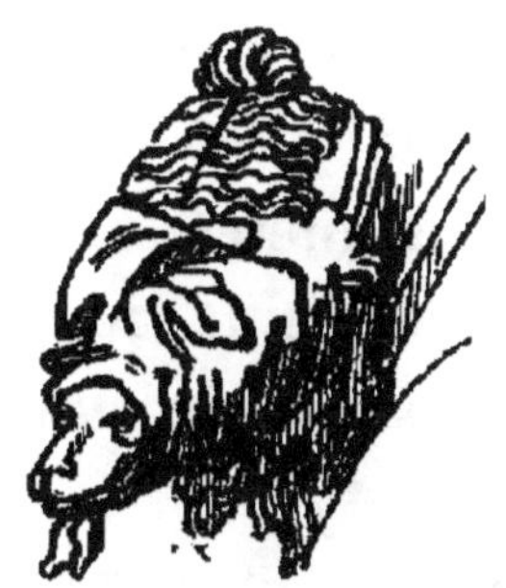

Gargouille
de l'abbaye de Saint-Denis (XIIIe siècle).

CHAPITRE XIV

FIGURES SATIRIQUES DES MONUMENTS CIVILS

Ce fut seulement à la fin du quinzième siècle que la commune, assez riche pour élever à son tour un hôtel où s'assemblaient ceux qui s'intéressaient aux besoins de la cité, prit une certaine importance, comme le prouvent les *maisons de ville* du nord de la France.

Un des édifices qui me paraît le plus curieux spécimen de l'architecture civile en France, surtout par les nombreux caprices de son ornementation, est l'hôtel de ville de Saint-Quentin. Sur la façade courent des sujets fantasques analogues à ceux des églises.

« Les cent soixante-treize statuettes et figurines que j'y ai comptées en 1836, dit M. Didron qui étudia le monument de près, représentent des sujets de fabliaux, des animaux qui prêchent, des coqs qui se battent, des cochons qui mangent des glands, des lapins et des chèvres qui broutent des herbes potagères et des feuilles d'arbustes, des écureuils qui épluchent des pommes, des singes montés sur des échasses et qui font mille grimaces aux passants.

« La chauve-souris, le moineau, le chien, le cochon, c'est-à-dire les oiseaux vulgaires et les bêtes de basse-cour, abondent sur cet édifice. Ils répondent à des gens plus laids et plus grimaçants que

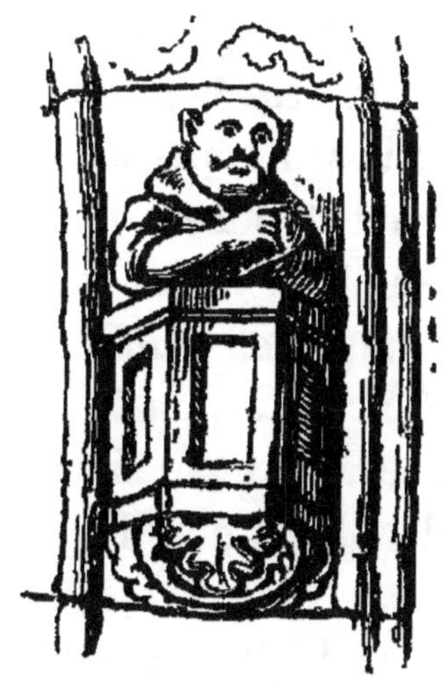

Figurine de la façade de l'hôtel de ville de Saint-Quentin (XVIe siècle).

des singes, à des bourgeois et à des bourgeoises non moins laids et qui font des actions communes ou indécentes, à des paysans plus orduriers encore.

« Je sais bien qu'on y voit des animaux plus nobles, des aigles et des griffons. J'y ai même noté six anges qui font de la musique ; on y trouve le

Soleil et la Lune, la Sainte-Face de Véronique et la figure de Notre-Seigneur. Mais ce sont de véritables caricatures. On les voit là sculptés, comme on les trouve décrits ou mis en action dans les fabliaux recueillis par Méon et Barbazan. Si ce n'est pas impie, c'est trivial et ridicule.

« D'ailleurs, ce qui domine dans cette foule, ce qui accentue tout le monument, c'est le chat et la souris, le chien et le singe, le coq et la poule, le lapin et le cochon ; le gros homme ventru qui montre sa bedaine quand il ne fait pas voir autre chose ; l'ivrogne qui perce un tonneau et s'enivre ; la bourgeoise qui rit et se pince le nez avec des lunettes ; la femme qui accomplit en public des actes que la plus grosse indécence n'a jamais permis[1]. »

La description serait exacte si M. Didron n'avait pas exagéré les détails un peu libres de l'ornementation de la façade.

Qu'aurait-il dit de l'hôtel de ville de Noyon, où un fou accroupi, la culotte bas, remplit les mains d'un homme, peut-être un moine, d'un dépôt que les gens grossiers n'abandonnent habituellement qu'au coin des ruelles? La sculpture est d'une exécution délicate, l'idée ne l'est guère; mais si on pense aux « bons tours » de Tiel Vlespiègle, qui, à la même époque, avaient le privilége d'a-

[1] *Annales archéologiques*, 1851.

muser trois nations, on s'étonnera moins qu'un tel détail fasse partie de la décoration d'un hôtel de ville.

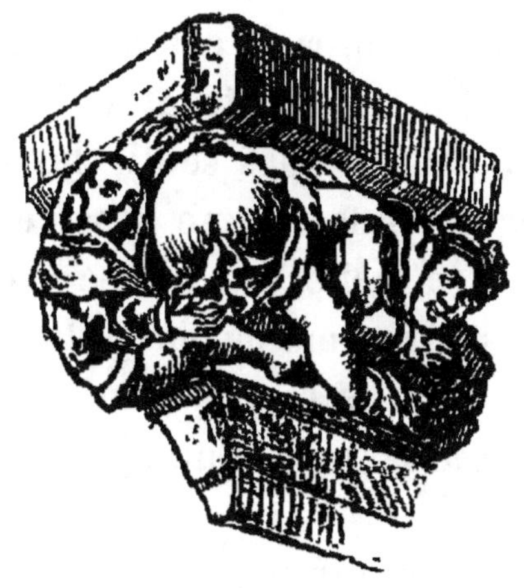

Corbeau de l'hôtel de ville de Noyon (fin du xve siècle).

Les sculpteurs n'avaient guère été plus réservés dans leur ornementation du château de Blois. Aux fenêtres de la chambre à coucher de Louis XII, à ces mêmes fenêtres où le roi se plaisait, dit-on, à s'entretenir avec son premier ministre, le cardinal d'Amboise, dont l'hôtel était en face, les retombées de l'encadrement supérieur sont supportées par des figurines finement ciselées, mais d'un goût douteux.

Les *maistres des pierres vives* qui imaginaient ces ornements ne paraissaient pas être arrêtés par l'idée qu'Anne de Bretagne lèverait nécessairement les yeux sur ces figurines.

A s'en fier aux plaisanteries scatologiques, fort goûtées à cette époque, on peut admettre toutefois que la reine souriait des deux drôleries qui se font pendant et qui montrent un homme se bouchant le nez pour ne pas sentir les désagréables odeurs émanant d'une femme sans vergogne; également il faut rattacher au même ordre des faits naturels, considérés comme plaisants et gais, le bas-relief du même palais représentant un galant audacieux qui relève la jupe d'une personne de bonne volonté.

Et dire que les étudiants ont protesté contre M. Désiré Nisard, qui parlait de plusieurs morales ! Elles existent en tout cas en archéologie, et la morale du quinzième siècle n'a rien à voir avec celle du dix-neuvième.

Il faut cependant chercher le sens de l'ensemble de semblables sculptures. L'hôtel de ville de Saint-Quentin, par la profusion de ses images, me paraît fournir une explication dont les archéologues seront à même de juger la valeur.

Deux de ces figurines représentent des animaux en chaire, un renard et un singe, sans doute échos du *Roman de Renart;* il en a été parlé suffisamment au chapitre VII pour n'y plus revenir.

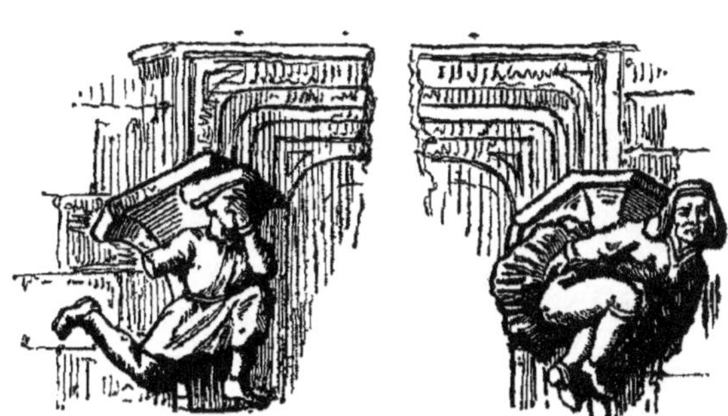

Retombées de fenêtres du château
de Blois.

Sur un cul-de-lampe, un fou et un diable se sont emparés de la cotte d'une jeune commère, et la chiffonnent avec ardeur.

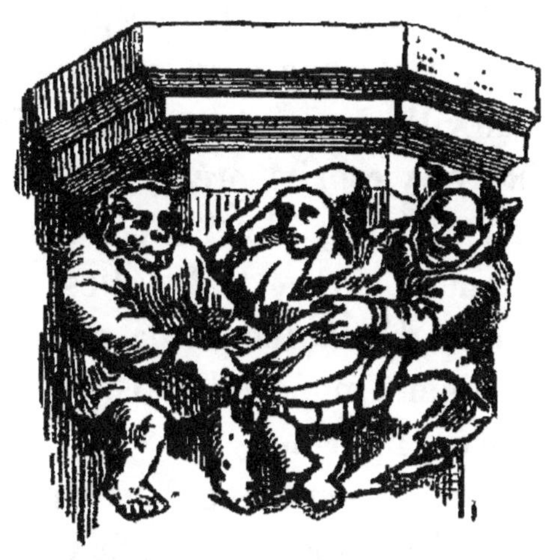

Détail de la façade de l'hôtel de ville de Saint-Quentin.

Les sculpteurs, en un autre endroit, font rissoler au-dessus d'un grand' brasier un malheureux que des diables retournent comme une dinde à la broche (voir la vignette de la page 68).

Le caprice qui a présidé à ces compositions n'est qu'un ressouvenir des figures de même nature qui se voient aux murs des cathédrales. Les notions bibliques sont mêlées à celles des sciences naturelles : la femme qui trompe son mari ; le moine ridiculisé ; la bête monstrueuse des forêts voisines ; la terreur de l'enfer ; le manant qui bat sa commère; la raillerie du riche; le bateleur qui fait danser des ours et des singes; tous ces menus événements du jour trouvaient place sur les chapiteaux et sous les portails des églises. Si leur répétition au seizième siècle, sur la façade d'un monument civil tel que l'hôtel de ville de Saint-Quentin, offre encore quelque doute aux esprits précis qui veulent se rendre compte de la signification des moindres détails, le chanoine Charles de Bovelles, par une énigme rimée qui détermine la date de la construction du monument, nous aide à comprendre le sens général de ces figurines.

Le monument terminé, une plaque de cuivre fut enchâssée dans un des piliers de la façade de l'hôtel de ville de Saint-Quentin. Sur cette plaque on lisait :

D'un mouton et de cinq chevaux
Toutes les lettres prendrez, M CCCCC
Et à icelles, sans nuls travaux,
La queue d'un veau joindrez; V
Et au bout adjouterez
Tous les quatre pieds d'une chatte. IIII
Rassemblez, et vous apprendrez
L'an de ma façon et ma date. M CCCCC VIIII (1509).

Ces cinq chevaux, les quatre pieds de la chatte, la queue du veau, n'offrent-ils pas de l'analogie avec les bizarres sculptures du monument? L'archéologue doit y chercher moins de rime et pas plus de raison. L'esprit confus mais jovial d'alors donnait naissance à la plupart des figurines qu'à tort, je crois, nous appelons satiriques.

J'ai déjà longuement insisté sur ce point et ne crains pas d'y revenir, dussé-je être traité de rabâcheur. L'art des tailleurs de pierre n'était pas si compliqué du côté de la conception qu'on le dit. C'est un art inconscient, naïf, aussi innocent que l'enfant qui lève sa chemise en public.

De même que les maçons inintelligents qui recouvrent de plâtre de délicates sculptures, nous avons entouré cet art de bandelettes symboliques ; mais le moment est venu de gratter l'épais badigeon du symbolisme, qui lui enlève sa netteté de lignes, sa franche signification.

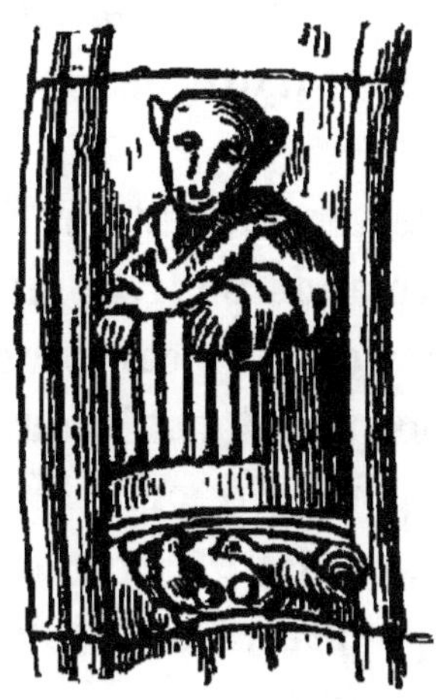

Figurine de la façade de l'hôtel de ville de Saint-Quentin.

CHAPITRE XV

LES STALLES DES ÉGLISES

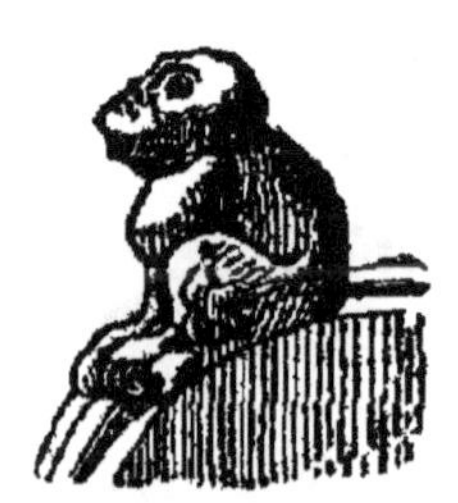

On a retrouvé à Rouen des registres de comptes tenus par les fabriciens des églises, qui détaillent, sol par sol, ce que coûtait l'œuvre de *hucherie* d'une cathédrale, quels étaient les maîtres huchiers, leur pays, le salaire des ouvriers employés par eux.

Vers la fin du moyen âge circulaient en France des sculpteurs en bois, Flamands pour la plupart, qui allaient offrir leurs services aux constructeurs de cathédrales. Ils entreprenaient habituellement les chaires et les stalles pour un prix fort modique, 25 sols par figure, n'étant regardés que comme des sculpteurs de *poupées*. Tel est le nom que les architectes donnaient à leurs caprices ornementatifs.

Les prêtres, fatigués de se tenir debout pendant

toute la durée des offices, eurent l'idée de se reposer sur des stalles mobiles, ingénieusement appelées *miséricordes*, offrant un banc étroit pour s'asseoir et des accoudoirs sous les bras. Comme le chœur où siégent les prêtres est l'endroit qu'a choisi l'Église pour déployer toutes ses pompes, des planches de bois nu eussent juré avec les dallages de marbres, les vitraux éclatants, les lutrins de fer ouvragé et les richesses de l'autel : l'architecte pensa naturellement à faire ornementer ces stalles.

C'est là que se donna carrière la fantaisie des tailleurs en bois.

En relevant sa stalle et en l'abaissant, plus d'un prêtre put s'y regarder comme dans un miroir, assis sur ses péchés, accoudé sur ses vices.

Au quinzième siècle, la sculpture ornementative semble ne relever que d'elle-même. Les compagnons flamands apportaient avec eux un répertoire de sujets profanes, sans se préoccuper du lieu sacré pour lequel ils travaillaient. Sur cinquante sujets empruntés plus habituellement à la vie réelle, on peut en détacher une douzaine de fantasques, de cyniques et de bouffons. Le clergé ne croyait pas que quelques facéties pussent faire tort à la religion : ce qu'on cherchait surtout dans l'ornementation de ces stalles était la rupture d'angles trop austères. Des caprices se déroulèrent le long des accoudoirs formant d'agréables courbes : quant à ce que sculptait l'ouvrier sur les miséricordes, le chapitre n'y regardait pas de près.

Dans l'ensemble de ces fantasques manifestations répandues sur les stalles des églises de Champagne, de Normandie, de Picardie et même de Bretagne, je vois des sortes de *clichés* que les Flamands reproduisaient sur les monuments de France, sans s'inquiéter si telle province était plus pieuse que telle autre ; leur répertoire n'offrant pas une extrême variété, ils le portaient aussi bien au Nord qu'au Midi, à l'Est qu'à l'Ouest.

Ces sculpteurs de poupées, dont l'idéal est la représentation de ce qu'ils ont vu et ressenti, taillaient d'ordinaire sur bois l'événement du jour, la dernière apparition du démon, le mari battu par sa femme, le moine surpris causant de trop près avec une religieuse, la gausserie qui court le pays, les croyances populaires relevées d'un grain de malice.

Parfois ces sculptures semblent un écho des sévères admonestations des évêques dans les conciles. La robe ne gare pas tous les prêtres des passions. Plus d'un a manqué à sa chaste mission. Qui sait même si, en de certains cas, la façade des cathédrales ne fut pas choisie par les évêques comme un pilori où devait être exposée, tant que la pierre durerait, l'action du coupable !

De telles satires ont pu être commandées par l'Église elle-même.

Tout esprit sans préjugés symboliques admettra, en lisant le fait suivant, comment certains actes luxurieux purent être traduits par le ciseau sur les monuments de cette époque.

Dans le Poitou, à l'abbaye Chièvre-Faye, un moine appelé Pigière manqua un dimanche à l'heure de la messe. « Si demandoit l'en partout cellui Pigiere, et ne povoit estre trouvé. Mais toutefois tant fut quis et cerchié qu'il fut trouvé en l'esglise en un coingnet sur une femme, embessonné, et ne se povoient departir l'un de l'autre. »

Voilà le texte exact du *Livre du chevalier de la Tour Landry pour l'enseignement de ses filles*, au chapitre intitulé : « Du moine qui fist fornication en l'esglise. »

Un tel «enseignement» donné à des filles de haute condition, dans un traité spécial d'éducation, prouve que les femmes les plus chastes de cette époque n'ignoraient rien, qu'on pouvait tout leur dire sans les froisser, et que vraisemblablement la représentation de semblables scènes par la sculpture était admise comme moyen de moralisation.

Mais le chevalier de la Tour Landry ne conte pas cette histoire à ses filles pour le plaisir de conter, et il en tire la morale suivante : « Se fut moult grant exemple comment l'on se doibt garder de faire mal pechié de délit de char en l'esglise, ne d'y parler de chose qui touche celle orde matière, ne s'y entre-regarder par amour, fors que par amour de mariaige. »

La morale sans doute ne ressortait pas aussi visiblement de la sculpture ou du moins ne la voyons-nous pas aujourd'hui si directe, et cependant, comme dans les Bibles manuscrites, où souvent de pareils sujets sont représentés cyniques et sans voiles à côté de sujets pieux, on peut dire que l'enseignement par les murs des cathédrales était le même, et que ces figures de fornicateurs, si bizarres qu'elles fussent, étaient une leçon à l'usage du peuple et le plus souvent des moines.

C'est dans les pays où se produisirent de pareils scandales qu'il faudrait chercher si, à l'époque où ils eurent lieu, les sculpteurs ne traduisirent pas ces légendes sur la pierre des monuments qu'ils avaient à ornementer. Qui étudierait les églises du Poitou du quatorzième siècle trouverait peut-être trace d'une sculpture représentant la luxure du moine Pigière, quoiqu'à la suite du scandale, provoqué par ses actes, il eût quitté l'abbaye de Chièvre-Faye.

D'autres motifs encore purent donner naissance à ces ornementations satiriques.

Il y avait alors nombre d'ordres religieux qui se jalousaient entre eux. L'orgueil, la vanité, la raillerie ne sont pas exclus du cœur des hommes d'Église. Les cathédrales riaient des abbayes, les abbayes raillaient les ordres mendiants. Cela se lit quelquefois sur la pierre et le bois.

Un archéologue qui a voulu voir clair dans ces questions, M. de la Sicotière, a analysé quelques-unes des stalles de l'église de Mortain, et parmi les sujets difficiles à expliquer, cite le suivant :

« Un individu, dont la chevelure rasée sur le front est collée sur les joues comme celle d'un moine, est assis sur le dos d'un animal monstrueux, le visage tourné vers la queue de sa monture, dans l'attitude de la frayeur ou même de la fuite. Il tient à deux mains, jeté sur son épaule, un sac passablement garni. L'animal est presque entièrement couvert par les habits flottants de son cavalier ; on ne distingue que deux pattes armées chacune de trois griffes et une grosse tête largement fendue comme celle d'un crocodile. De sa langue démesurément longue et recourbée, il lèche le dessous d'un moulin à vent ; ce moulin se compose d'un carré flanqué de quatre ailes en sautoir, avec une ouverture au milieu garnie de losanges et coiffée d'un petit chapiteau.

« Quel est le sujet de cette singulière allégorie ?

se demande l'archéologue. Les stalles de Corbeil offrent bien un meunier qui chemine gravement sur son âne, un sac sur la tête. Ici on dirait presque un voleur qui se sauve avec le produit de son vol, tandis que le démon de la convoitise qui l'a guidé lèche encore, en signe de regret, le moulin dépouillé; mais quel serait le voleur? (On sait que

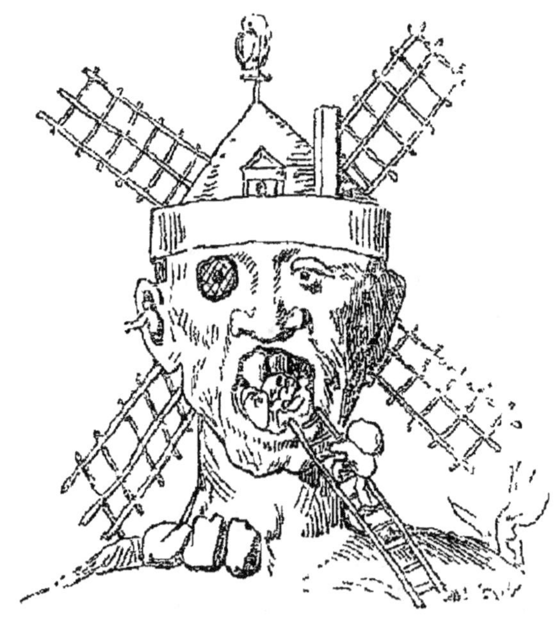

D'après Breughel d'Enfer.

les meuniers ont depuis longtemps le privilége de servir de type aux caricatures et aux plaisanteries populaires dirigées contre les fraudeurs). Ne pourrait-on voir aussi dans cette caricature un trait satirique contre les moines et le clergé, qui ruinaient en dîmes et en exactions le pauvre laboureur? »

Il est souvent dans les œuvres satiriques des détails troublants autant par leur surabondance que par leur bizarrerie : le meilleur commentaire est encore la description même; j'essayerai cependant de donner une interprétation de cette stalle de Mortain en la mettant en regard d'un détail emprunté à une planche de la série des *Vices* composée par Breughel d'Enfer ; c'est le même sentiment baroque, la même raillerie symbolique plus compliquée que légère, et comme il est présumable que la stalle de Mortain décrite par M. de la Sicotière est d'un sculpteur flamand, l'analogie avec les bizarreries troublantes de Breughel s'en déduit facilement.

A l'église de Mortain, on voit encore sur une stalle deux têtes de Fou accolées, semblables à celles de l'ancienne église des Mathurins de Paris, têtes que Millin avait prises pour des têtes de moines. C'est le même sujet fréquemment répété dont je donne un dessin d'après une miséricorde de la collégiale de Champeaux. Trois personnages à face de bonne humeur paraissent être une sorte de traduction du dicton : trois têtes dans un même bonnet. Deux oreilles énormes sortant du coqueluchon semblent augmentées de l'étoffe de celles qui manquent aux autres personnages.

D'autres miséricordes satiriques de Mortain sont également décrites par l'archéologue ; mais elles

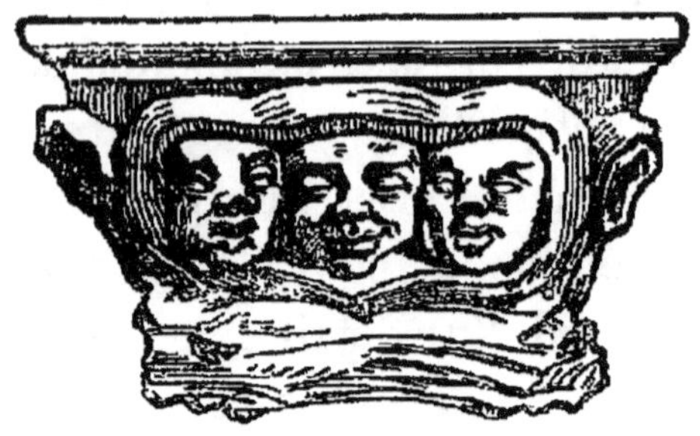

Stalle de la collégiale de Champeaux (XVIe siècle).

n'ont pas l'importance de celles de Saint-Spire, dont il sera parlé plus loin. Suivant M. de la Sicotière, les stalles de Mortain sont de la même date que celles de Rouen, sculptées en 1457, par Philippe Viart, maître huchier, qui recevait pour ce travail cinq sols dix deniers par jour, quand ses compagnons n'en touchaient que la moitié.

« Quel était le but que se proposaient les artistes qui sculptaient ces caricatures grossières?... Ne serait-ce qu'un dévergondage d'imagination, qu'une débauche d'esprit? » Telle est la question que se pose encore M. de la Sicotière. — Oui, répondrais-je, il y a plutôt débauche d'esprit, et il serait facile de le prouver si on pouvait donner en regard les singularités des diverses stalles de cathédrales.

Celle-ci, qui provient également de la collégiale

de Champeaux, n'est-elle pas déroutante par le jeu (ou plutôt le jet), que se permet ce petit bonhomme

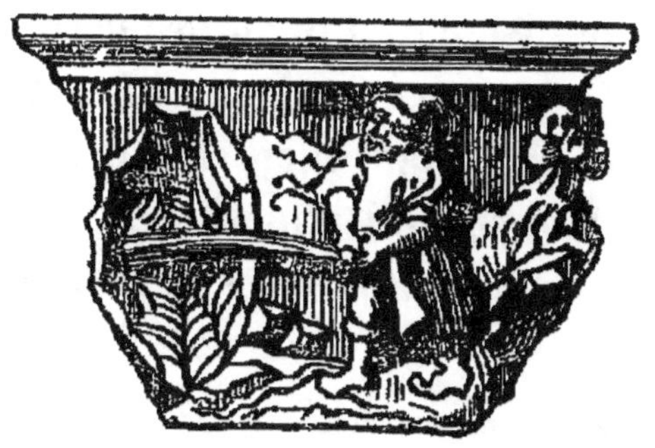

Miséricorde de la collégiale de Champeaux (Seine-et-Marne), XVIe siècle. (D'après un dessin de M. Ch. Fichot.)

à travers un van? Rembrandt seul a pu, grâce à sa pointe fantastique, oser de semblables croquis et quoique le motif de cette stalle soit sans doute unique dans nos églises, il en était d'autres de même nature qui au commencement du seizième siècle, indignaient l'abbé du monastère de Formback, Angelus Rumplerus. Reprenant les arguments de saint Bernard, le pieux Bavarois, à propos de certains détails licencieux de l'église de Münichwald, disait : « Si une jeune fille regarde une telle peinture, est-ce que sa pensée ne va pas rêver, et ne s'ingéniera-t-elle pas à vouloir connaître ce qu'elle voit représenté sur le mur? C'est ainsi et dans le même but qu'autrefois les peintres exposaient aux regards un Priape et un Jupiter. Mais il serait nécessaire qu'on fît ici ce que dit Virgile :

« Eloignez-vous d'ici, chastes matrones : — il est honteux que vous lisiez d'impudiques paroles ; — (les hommes) n'y prennent pas garde et passent sans s'arrêter. — Ils savent bien ce que c'est ; — mais il y a des femmes qui aiment à... »

Interprétation finale qui ne peut décemment qu'être donnée en latin :

> Matronæ, procul hinc abite, castæ :
> Turpe est vos legere impudica verba ;
> Non assis faciunt, euntque recta :
> Nimirum sapiunt, vident que magnam
> Matronæ quoque mentulam libenter [1].

« Qu'on examine nos stalles, nos vitraux, les chapiteaux de nos colonnes, les miniatures de nos manuscrits, partout le bouffon, le grotesque, l'obscène même, dit M. de la Sicotière; partout, comme à Mortain, *les monstres de masques*, les plus horribles qu'ait pu rêver une imagination en délire, exposés avec complaisance aux regards de la foule ; partout le costume monastique ridiculisé, caricaturé de la manière la plus grossière, au pied même de l'autel [2]. »

[1] « Cette priapée, m'écrit le fidèle secrétaire de Sainte-Beuve qui, plus d'une fois en compagnie de l'aimable académicien, vint à mon aide dans ces recherches, ne se trouve dans aucune édition complète de Virgile ; mais elle est recueillie dans l'*Erotropægnion* de Noel. »

[2] Les stalles de l'église de Mortain (Manche). *Bull. monum.*, 1839.

Ce costume monastique ridiculisé dans les églises mêmes, il ne faut pas cependant lui donner trop d'importance : la satire monacale entre tout au plus pour un vingtième dans l'ensemble de l'ornementation de ces stalles, où sont représentés plus particulièrement les divers corps d'état entremêlés, je l'ai déjà dit, de diableries, de grimaces de fous, de ressouvenirs du *Roman de Renart*, d'allusions à quelques scandales domestiques.

A prendre pour exemple les stalles de la cathédrale de Rouen, exécutées au quinzième siècle, si on en excepte un sujet ayant trait au célèbre *Lai*

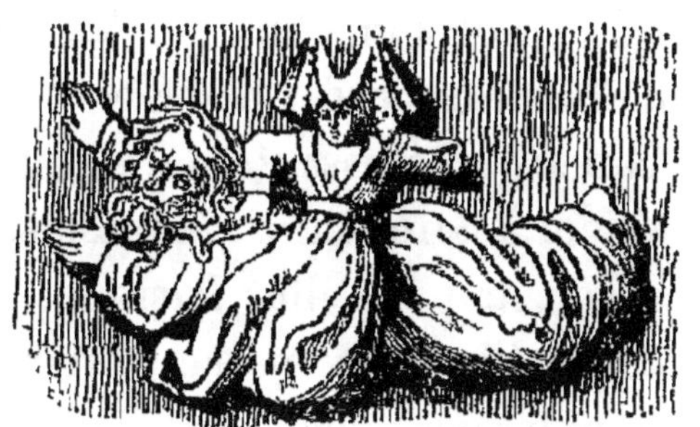

Le Lai d'Aristote. Stalle de Rouen[1].

d'Aristote et certains caprices, tels que des femmes chimères, qui appartiennent plutôt à la famille des

[1] Le treizième siècle supposait qu'Aristote, amoureux d'une courtisane, s'était laissé seller comme un cheval et qu'il portait à quatre pattes jusqu'au palais d'Alexandre la femme qui le fouettait. Ce conte, imaginé comme une preuve de la diabolique puissance des femmes, est sculpté sur divers monuments religieux et civils du moyen âge et de la renaissance : à Lausanne, à Lyon, à Rouen, à Paris.

mascarons, la plupart des miséricordes se rapportent aux corporations de chirurgiens, de tondeurs, lameurs, épinceurs de drap, etc.

Quelques archéologues ont pensé que les professions représentées sur ces stalles symbolisaient les corps d'état qui avaient concouru par leurs aumônes à mener à bonne fin ces ouvrages de hucherie. J'ai cru un moment que les personnages marquants des corporations avaient droit à s'asseoir dans le chœur sur des stalles représentant les emblèmes de leur profession : tout est hypothétique dans ces matières et en première ligne, on peut mettre sur le compte du caprice ou de l'imagination des artistes l'ornementation des miséricordes et des accoudoirs.

D'autres spécimens intéressants de monuments semblables se voient à Saint-Martin-aux Bois, consciencieusement décrits par l'abbé Barraud.

Sur une de ces stalles « un moine se livre à de profondes contemplations ; mais on s'aperçoit à l'état de son visage qu'il est saisi d'une frayeur subite à la vue des monstres horribles qui s'offrent à ses yeux. L'enfer n'en a jamais vomi de plus hideux. Celui-ci a l'échine fortement élevée, baisse la tête, grince les dents et s'apprête à dévorer la proie qui va s'offrir à lui. Celui-là replie sous son ventre une énorme queue, qui se termine en avant par une gueule de monstre marin. Un troisième, séparé du précédent par une tête de femme couverte d'un long bonnet flottant, a le corps d'un quadrupède, la tête, la poitrine et les bras d'un homme : de son menton pend une barbe épaisse, qui se divise en deux touffes et qu'il saisit à deux mains. Un quatrième, semblable à une truie, joue de la cornemuse, tandis que ses petits pendent à ses mamelles. Une tête d'homme, à longue chevelure et à bonnet replié, termine cette rangée.

« A gauche se continue la suite des animaux grotesques. La marche est ouverte par un quadrupède à longue queue, à la suite duquel s'avancent un singe armé d'une énorme massue et un mammifère à tête d'oiseau qui paraît vouloir s'élancer vers le ciel. Puis se présentent successivement un énorme crapaud armé d'une cuillère avec laquelle il puise dans une ample soupière placée devant lui, une lourde vache jouant de la musette et un singe agitant ses doigts sur les touches d'une vielle, dont il fait également tourner la manivelle. Ces curieux musiciens ont à leur suite un animal chimérique qui se replie sur lui-même et se présente aux spectateurs dans une pose hideuse. Enfin vient la Mort, avec ses traits horribles, couverte d'un ample manteau, et derrière elle un griffon[1]. »

Comme à Saint-Spire, une fille en habit de reli-

[1] *Bull. monument*, t. VIII, p. 9.

gieuse scie le diable par le milieu du corps (voy. figure de la p. 86). Sur une autre stalle, des ours dansent aux sons d'une musette dans laquelle souffle un dé leurs confrères.

L'abbé Barraud voit dans ces figures la personnification de l'orgueil, de la volupté, de l'amour de la table, de la haine et des plaisirs mondains. Pour moi, je viens de feuilleter une fois de plus les Tentations et les Diableries du prédécesseur de Breughel, Jérôme Bosch. Les compositions du vieux maître, populaires au quinzième siècle, semblent l'alphabet dans lequel étudièrent les imagiers.

L'application à un motif déterminé n'apparaît réellement que dans les deux créations qui émurent le moyen âge et la renaissance, c'est-à-dire le *Roman de Renart* et *la Folie* telle qu'elle ressort des œuvres de Brandt et d'Érasme.

Habituellement, côte à côte des figures bibliques et profanes, on remarque sur ces stalles des têtes de fous à bonnets ornés de grelots; des évêques mitrés se mêlent sur les accoudoirs à des animaux, des singes, des figures grotesques. Certains archéologues regardent ces singuliers assemblages comme des allusions aux vices du clergé; le comte de Soultrait pense, et je suis de son avis, que ces représentations sont un souvenir des Fêtes de fous[1].

[1] *Bull. monument.*, t. XVIII, p. 105-106.

La plupart du temps, de petites figurines ou des bustes rappellent la *mère-sotte* ou quelque personnage de ces cérémonies burlesques.

Parmi les curieuses stalles de Saint-Spire de Corbeil, que heureusement Millin fit dessiner avant leur destruction, on voyait un évêque tenant une marotte dans la main. C'est toujours l'évêque des Fous.

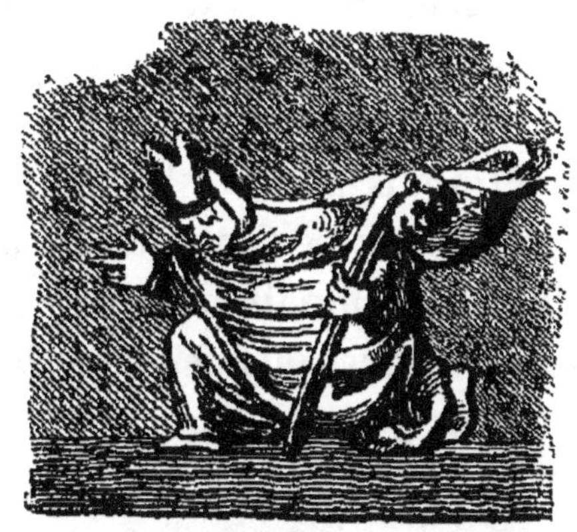

Stalle de l'église de Saint-Spire de Corbeil.

Sur une autre miséricorde du même monument un personnage, coiffé d'une sorte de chapeau à cornes, joue avec un homme à un jeu appelé pet-en-gueule. Le mot dispense d'une analyse.

Quelques-uns de ces motifs traditionnels se représentent dans divers monuments. A Saint-Spire, quatre rats grignotent un globe surmonté d'une croix ; d'autres rongeurs, dont on n'aperçoit que les têtes et les queues, ont fait de ce globe une sorte de fromage où ils se sont retirés. Dans la même série de stalles, est représenté un homme coiffé d'un bonnet de docteur et dont la figure expressive exprime la trace de pensées doctorales; ce personnage porte sur son dos un globe semblable. Millin dit qu'il existait dans l'église Saint-Jacques, à Meulan, un bas-relief absolument identique, et le consciencieux archéologue ajoute : « Sujets bizarres, qui sont autant d'énigmes, parce qu'on n'est pas au temps où ils ont été exécutés. »

Cet aveu de l'impuissance de l'archéologie à la fin du dernier siècle ne se reproduirait guère aujourd'hui. Millin n'expliquait peut-être pas assez, nous expliquons trop quelquefois, dissertant à l'in-

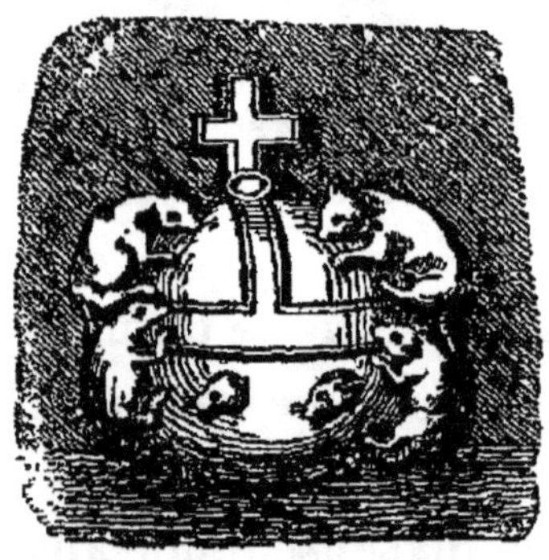

Miséricorde de l'ancienne église de Saint-Spire de Corbeil.

fini sur des sujets d'une médiocre importance. Cependant cette stalle symbolique a besoin d'être élucidée; elle se trouve dans diverses autres églises, et je partage l'opinion de Duchalais, qui, dans un article plein de sens[1], voyait dans les rats grignotant le globe les vices qui rongent le monde et finissent par le détruire.

Si on ajoute à ces sujets divers des représentations de métiers de l'époque : apothicaire, porteur de bois, moissonneur, berger, tailleur de pierre, boulanger, alchimiste, etc., il sera facile de se faire une idée du répertoire des tailleurs de poupées dans les églises. Presque partout, en province, les sculpteurs en bois répètent les mêmes motifs ayant trait aux mœurs, facétieux et satiriques. Paris offre seul quelques dissemblances, les ouvriers flamands n'y ayant sans doute pas exercé leur industrie.

Je note, parmi les curiosités de l'ancienne église des Mathurins, une stalle représentant un vieillard tournant un tournebroche qui porte un morceau de viande dont l'homme recueille la graisse avec un pochon; sous la table est caché un enfant qui veut goûter au jus. Détail de mœurs moins comique que le suivant, décrit par Millin, qui s'étonne de le rencontrer dans le lieu saint : « Un fabricant de parchemin à qui le diable montre le cul. »

Les artistes du quinzième siècle n'avaient pas notre délicatesse. Luthériens et papistes ont autrement insulté le diable.

[1] *Revue archéologique*, 1848.

L'église des Saints-Gervais-et-Protais, dont les stalles offrent certaines analogies avec celles de Rouen, en possède quelques-unes d'un profane encore plus vivement accusé.

Sur une miséricorde des basses formes un Fou folâtre avec une femme, robe retroussée. « Triste allégorie montrant le dénûment des vertus et la bassesse des habitudes, » dit à ce propos un archéologue[1]. Je crains bien que M. Troche, auteur de cette interprétation, ne soit souvent irrité par la vue de semblables sujets dans les cathédrales.

Une autre stalle de la même église représente une femme nue dans un bain ; un homme se déshabille, de la main caresse le menton de la femme, et sans plus de façons entre dans sa baignoire. M. Troche croit qu'il s'agit d'un mari qui, en compagnie de son épouse, se livre à un rafraîchissement hygiénique. Je ne sais pourquoi l'idée d'un galant s'est présentée tout de suite à mon esprit.

Et cependant, comment l'église des Saints-Protais-et-Gervais a-t-elle pu accueillir la mise en scène d'une semblable aventure ?

Des miséricordes de la même église, les unes personnifient des martyrs et des évangélistes ; les autres consistent en animaux et masques capri-

[1] *Revue archéol.*, 9e année, 1853.

cieux : truie, sirène, chien, vieillard, lion, jeune fille, aigle ; mais, comme dans les monuments décrits plus haut, une partie des stalles est consacrée aux divers corps de métiers : cordonniers, rôtisseurs, bateliers, etc.

Cette scène de bains ne serait-elle pas la représentation d'un intérieur de baigneur à la fin du quinzième siècle? C'étaient habituellement des maisons mal famées ; elles sont signalées par les anciens chroniqueurs comme des lieux de rendez-vous, semblables à ceux qui existent encore actuellement à Berne. Il se peut que les artistes inconscients, qui naïvement taillaient les stalles des églises, ayant à faire figurer le baigneur parmi les corps d'états, n'aient pas trouvé mieux, pour peindre ce qui se passait dans ces endroits, que de mettre en lumière une baignoire, une jeune dame et son heureux soupirant.

Le même archéologue qui a étudié particulièrement les stalles de Saints-Gervais-et-Protais donne encore la description d'une miséricorde de la même église :

« Un fou sans gêne, coiffé du capuchon à oreilles d'âne, pousse l'oubli de la décence jusqu'à venir se poser, pour satisfaire dame nature, devant la porte d'une maison habitée. A la fenêtre du rez-de-chaussée se montre un personnage indigné qui tenait probablement un objet menaçant; mais un pudique ciseau a profondément labouré cette grossière composition due aux mains naïves de nos ancêtres[1]. »

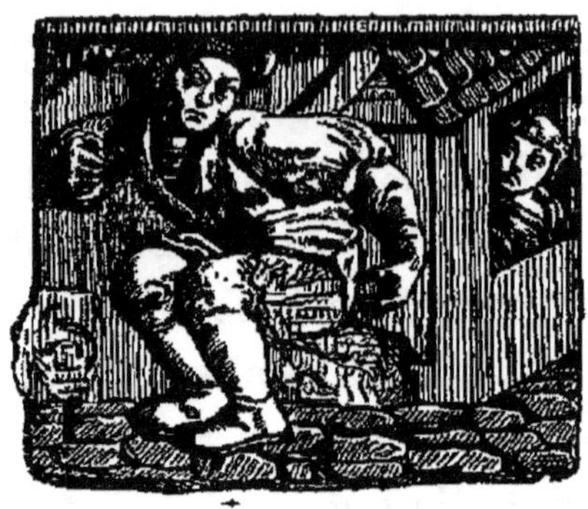

Miséricorde de l'église Saint-Gervais-Saint-Protais.

En Angleterre, on trouve nombre de ces stalles représentant plus particulièrement des scènes d'animaux imitant les actions de l'homme. A ce sujet, Rutter, dans son livre *Delineations*, cite les

[1] Il est fâcheux que, malgré les avis d'hommes intelligents dont la vie tout entière est vouée à l'archéologie, M. de Caumont entre autres, Paris ne possède pas un musée de moulages des principaux détails de monuments religieux du moyen âge. Les Anglais nous ont donné l'exemple pourtant : l'administration de Kensington a fait mouler en France un certain nombre de nos stalles ayant trait à l'histoire des mœurs. Nous empilons tableaux sur tableaux dans les greniers de nos musées sans savoir qu'en faire, et si on excepte le musée de Cluny, si petit, si pauvre, et dont le manque de classement chronologique convertit la plupart des objets en bric-à-brac peu instructifs, aucune salle n'est ouverte aux études archéologiques d'après les monuments.

miséricordes de l'église d'East-Brent (Somerset), de Stampford, de Saint-Pierre de Northampton[1].

Les accoudoirs et les miséricordes de la cathédrale d'Ulm, dont les figures furent sculptées de 1469 à 1474 par Georges Surlin (ou Syrlin), présentent une ornementation de végétaux, d'animaux et d'êtres plus ou moins humains. De beaux ceps de vigne et des tiges de houblon se marient avec des tournesols et des chardons en fleur. A travers cette végétation luxuriante on voit ramper des dragons, courir des chiens, bondir des lions, grimper des écureuils et des singes, percher des coqs et des hiboux, voler des griffons, planer des aigles. Des escargots se traînent sur des feuilles de chou; des faces humaines font la grimace ou tirent la langue. Au milieu de tout ce monde, naturel ou fantastique, une femme échevelée lève ses jupons, un petit homme grotesque commet une saleté; « mais, dit M. Didron, les indécences et les grimaces sont en général plus rares que dans nos stalles de France[2]. »

Il est d'autres stalles plus caractéristiques. Alors qu'éclate la Réforme, l'Église sent le danger de pareilles doctrines et, voulant lutter avec la violence

[1] Voy. quelques anciens dessins du monastère de Sherbone, en Angleterre, dans les *Specimens de sculptures anciennes*, de Carter.

[2] *Annales archéol.*, t. IX.

de ses adversaires, elle ne recule pas devant l'injure : à Saint-Sernin de Toulouse, une stalle représente le plus grossier des animaux avec cette légende : CALVIN LE PORC PRESCHANT.

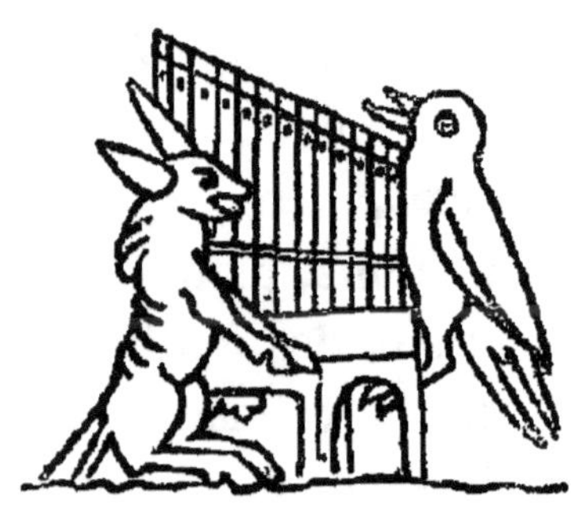

D'après un manuscrit
du XIVe siècle.

CHAPITRE XVI

LA CATHÉDRALE AU MOYEN AGE

I

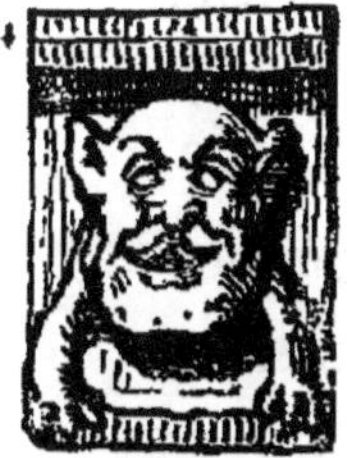

Il peut paraître d'un double emploi de revenir une fois de plus sur les cathédrales, après les avoir étudiées dans leur ensemble et leurs détails.

La pierre n'a pas assez parlé : elle balbutie et ne tient pas le langage clair que je souhaite.

J'ai soif pour mes lecteurs comme pour moi d'affirmations et non de demi-aveux, de faits positifs et non confus. A chaque page de cet ouvrage et à mesure que j'arrivais à la conclusion, je voyais poindre de faibles lueurs, mais pas encore la lumière éclatante.

Sans fatiguer plus longtemps les lecteurs de mes appréhensions, je note la pensée sociale qui décida de l'érection des cathédrales; et sans donner ce système comme absolu pour toute la France, on peut regarder la cathédrale du Nord, au moyen âge, avec une piété particulière, comme le souvenir le plus vivace élevé par nos ancêtres. C'est le temple consacré à Dieu, c'est surtout la maison commune de nos pères, leur asile, leur lieu de défense, l'endroit où furent consacrés leurs droits civils, le tribunal épiscopal déjà plus équitable que la juridiction seigneuriale.

« A la fin du douzième siècle, l'érection d'une cathédrale, dit M. Viollet-le-Duc, était une protestation éclatante contre la féodalité. »

La cathédrale semble en effet le symbole réel de l'affranchissement des communes. Partout où portent de grandes ombres les tours d'un monument, c'est que la commune a secoué le joug féodal. La cathédrale, pourrait-on dire, est une sorte de symbole, comme en 1789 l'arbre de la liberté planté sur les places de village. Et si les connaissances historiques avaient été plus développées en 1793, les iconoclastes eussent peut-être hésité à briser les statues élevées par nos aïeux en signe de la protection épiscopale qu'ils trouvaient contre les exigences des seigneurs et des abbés. La cathédrale, à cette époque, fut l'endroit où le peuple croyait défendre son âme contre les entreprises du démon, où il était plus certain de protéger son corps et ses biens contre les duretés féodales, monastiques et séculières.

On voit quelques monuments consacrés au culte, surmontés de tours crénelées, qu'élevaient, dans de certaines circonstances, les citoyens pour se défendre contre les seigneurs. Forteresse religieuse contre forteresse civile, pourrait-on ajouter si on n'avait pas abusé de semblables affirmations.

Ce fut alors que saint Louis, montant sur le trône, trouva de fidèles alliés dans le clergé qui acceptait le principe de l'autorité monarchique pour contrebalancer les priviléges exorbitants des seigneurs féodaux et des abbés des grands monastères : en toutes choses, ceux-ci réclamaient la part du lion.

L'érection des grandes cathédrales entre 1180 et 1240 fut donc, dit M. Viollet-le-Duc, « l'expression d'un désir national irrésistible [1]. »

Entre le douzième et le treizième siècles, le peuple trouva un enseignement religieux et littéraire dans les cloîtres des cathédrales, qui unissaient l'enseignement à la défense, la défense au droit d'asile. De grandes pièces nues, carrées et sans ornements, s'ouvraient sur les galeries à jour qui bordaient le premier étage des nefs de certaines églises;

[1] Il faudrait citer tout entier l'important chapitre *Cathédrale* du *Dictionnaire d'architecture*.

là le peuple emmagasinait des fourrages ; là les pèlerins et les voyageurs trouvaient asile. Le monument comportait l'hommage à Dieu, le lieu pour abriter sa tête, l'endroit qui sert aux réjouissances ; sous les voûtes sacrées le peuple priait, se reposait, et se divertissait.

« Les cathédrales n'étaient pas seulement destinées au culte, dit encore M. Viollet-le-Duc ; on y tenait des assemblées, on y discutait, on y représentait des mystères, on y plaidait, on y vendait, et les divertissements profanes n'étaient pas exclus. » Ailleurs, le célèbre architecte, à propos des fêtes de l'Ane et des Fous, vient à l'appui de mon opinion ; loin d'être des satires du clergé, ces fêtes étaient encouragées par le clergé lui-même : « Les évêques, dit-il, aimaient mieux ouvrir de vastes édifices à la foule, sauf à lui permettre parfois des saturnales, plutôt que de laisser bouillonner au dehors les idées populaires. »

Si le peuple fit acte de piété en prêtant ses bras aux architectes laïques qui élevaient ces grandioses monuments, on peut dire qu'en même temps il songea à ses propres besoins ; aussi je ne goûte pas le système actuel de restauration qui consiste à dégager la cathédrale des ruelles et des petites maisons des alentours. On comprend mieux en voyant ces humbles constructions quel effort fit le peuple pour donner naissance à une architecture grandiose ; on sent quelle reconnaissance enflammait ces cœurs, qui faisait qu'à l'heure dite naissaient de grands artistes pour élever en un demi-siècle ces colosses de pierre.

II

Plus d'une fois j'ai regardé les cathédrales, cherchant le secret de leur déroutante ornementation, et chaque motif que j'en détachais pour éclairer mon texte semblait détaché d'une langue inconnue.

Que penser d'une étrange sculpture, cachée dans l'ombre d'un pilier de la cathédrale souterraine de Bourges? Peut-il se trouver une imagination assez paradoxale pour déterminer la relation d'une si énorme facétie avec le lieu où elle s'étale, et ne faut-il pas admettre le Caprice qui n'a pas arrêté l'ouvrier dans l'exécution d'un semblable détail ?

On voit sur les murs de certains monuments religieux la représentation d'appareils sexuels qui se dressent et s'étalent complaisamment au milieu de détails religieux : échos du symbolisme antique, ces priapées ont été sculptées avec innocence par de naïfs tailleurs de pierre. Ne pas rattacher ces représentations à celles de l'ancienne Égypte, de la Grèce et de l'Italie antique serait d'un homme qui négligerait l'étude des monuments du passé. Ces ressouvenirs ityphalliques des diverses cathédrales du centre de la France sont nombreux dans la Gironde, et un archéologue distingué de Bordeaux, M. Léo Drouyn, m'en montrait de curieux spécimens relevés sur les églises de sa province et qu'il cache au fond de ses cartons.

Notre excès de pudeur nous prive d'importantes connaissances. Le silence que les historiens modernes gardent sur le symbolisme des appareils de la génération laisse un voile dans l'esprit de ceux qui ne peuvent confronter les monuments de l'antiquité et ceux du moyen âge. Des livres graves sur le culte du Phallus, de sobres dessins à l'appui, éclairciraient vivement la question et montreraient quelle fut la pensée des ouvriers qui n'avaient pu au moyen âge se débarrasser du souvenir des anciens cultes païens.

En est-il de même de cette sculpture de la cathédrale de Bourges et se rattache-t-elle par quelque lien au culte ityphallique? Je ne le crois pas, n'ayant jamais trouvé d'analogie à un semblable sujet dans la décoration des monuments anciens. Je craindrais d'affirmer que ce sujet soit unique : il

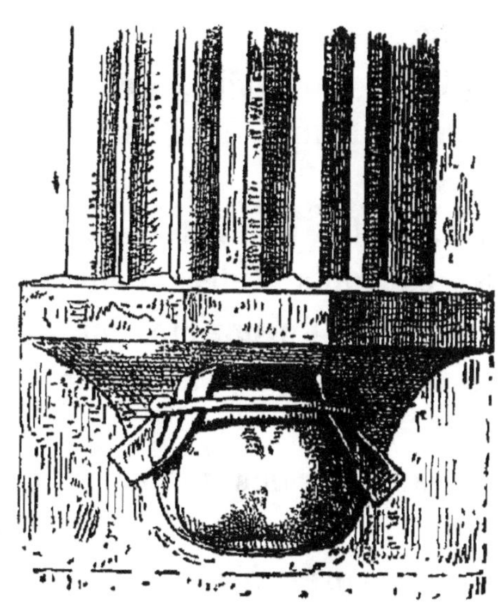

Sculpture de la cathédrale souterraine de Bourges,
d'après un dessin communiqué par M. Bailly,
architecte chargé de la restauration
du monument

est rare en tous cas et prête à penser, car quel est l'être grave qui, s'arrêtant devant cette singulière ornementation d'une église souterraine, ne réfléchira plutôt qu'il ne sourira?

Sans m'inquiéter des modifications produites par un fait isolé, qui plus tard pourra être éclairci par la vue d'autres sculptures du même ordre, je classerai d'abord le cul-de-lampe dans la famille des Caprices individuels.

Caprice et Fantaisie, plutôt que Satire et Caricature, tels furent les courants d'idées dans lesquels m'entraîna la sculpture du onzième au quatorzième siècle, et j'avais perdu l'espoir que la lumière se fît.

Nous sommes bien vains de nos connaissances parisiennes, fortifiées par la fréquentation de tant d'esprits d'élite, sans cesse prêts à répondre obligeamment aux questions des intéressés ; nous avons sous la main des montagnes de documents : étant fouettés par la vie, la critique et le besoin, nous comprenons peut-être plus vite qu'en province, où manquent la vie difficile, la critique, les livres, qui sont les outils du penseur ; c'est de province cependant que m'est venue la lumière.

Il s'est trouvé en Touraine un travailleur modeste qui se posait le même problème que moi, à l'époque où j'exposais mes principales vues dans le

Bibliophile français. J'ai obtenu, grâce à la bienveillance de M. de Salies, communication de son Mémoire[1], alors que je corrigeais les dernières feuilles de cet ouvrage : personne jusqu'ici n'a apporté plus de sûreté de vue dans ces ténèbres.

Un numismate, M. L. Cartier, dans un discours prononcé en 1847 au Congrès scientifique de France, se demandait si, à mesure que le symbolisme écrit se développa, les artistes le réalisèrent, si du langage et de l'écriture les images passèrent dans l'art. M. de Salies reprend un à un les textes des hagiographes, les discute en les confrontant avec les monuments, et fait remarquer avec raison que le symbolisme qui existait à l'état de doctrine n'eut qu'une faible part dans les représentations peintes et sculptées au moyen âge.

Il prouve que c'est l'Église qui a admis les images satiriques comme but de moralisation.

En quelques pages se rattachant au système de M. Viollet-le-Duc, il montre la cathédrale tour à tour tribunal ecclésiastique, siége de réunion pour l'émancipation des communes, lieu d'asile pour les pèlerins et les réfugiés, grenier public, véritable maison commune avant l'érection des hôtels-

[1] *La représentation satirique a-t-elle existé dans les monuments du moyen âge?* Extrait du Bulletin de la Société archéologique du Vendômois. Vendôme, 1869, in-8 de 29 pages.

de-ville : la cathédrale fut l'endroit choisi par le peuple pour ses divertissements, le musée profane et sacré où les vertus et les vices étaient sculptés en pleine lumière.

« Qu'on ne s'étonne donc plus, dit M. de Salies, de voir le temple chrétien accueillir les représentations satiriques et ces grandes masses de peuple qui se portaient sous ses voûtes. En toute occasion, il fallait parler aux gens ; il fallait, par la sculpture, la fresque et le vitrail, flétrir ce qu'il y avait d'exorbitant dans tel ou tel acte saillant de l'époque ou de la localité, bafouer, stigmatiser tel ou tel personnage fâcheusement connu. C'était la corrélation de ce qui se pratiquait dans un autre ordre d'idées, lorsqu'on retraçait la figure des saints, des bienfaiteurs de l'église ou de ses défenseurs. »

Quand les archives auront été fouillées plus profondément, que la province aura publié un plus grand nombre de monographies de la valeur de celle de M. de Salies, il n'est pas douteux qu'on n'arrive à la signification précise des figures satiriques des églises, des monastères, des couvents qui se faisaient cette guerre d'épigrammes et se lançaient de semblables pierres sculptées à la tête.

Le clergé séculier était au treizième siècle en lutte ouverte avec les grands monastères, qui jusque-là avaient concentré toute la puissance ecclésiastique.

« Les couvents, dit M. de Salies, qui sentaient passer dans les mains de l'épiscopat le pouvoir qu'ils lui avaient si longtemps disputé, représentèrent jusque sur les vitraux des églises des évêques emportés par le diable. Dans les églises séculières, on leur répond en peignant ou sculptant des renards vêtus en moines et prêchant des poules. On va plus loin : on représente des scènes lubriques, dans lesquelles le moine joue le rôle principal.»

Pour citer un exemple, Adam Châtelain, évêque du Mans, fait défense à Pierre de Châtillon, titulaire de l'abbaye de Gué-de-Launay, « de hanter ainsi que ses religieux, les cabarets, brelans et autres lieux publics, à peine d'excommunication. » Peut-être trouverait-on trace sur une église de Normandie, de la représentation de Pierre de Châtillon et de ses moines francs buveurs, qui attiraient sur leur conduite les arrêtés de l'évêque du Mans.

Au même ordre d'idées appartiennent les figures satiriques de la cathédrale de Strasbourg, sur lesquelles j'ai promis de revenir. Suivant un ancien historien de la localité, ces figures de la nef furent élevées en souvenir « d'une faction fort animée contre les membres du chapitre de l'église ; » le sculpteur avait « insulté » certains de ces membres en les représentant sous la figure d'animaux. Pour la première fois un ancien chroniqueur s'inquiète de la signification de semblables sculptures. Il en montre la réalité et veut remonter à la source; mais n'est-il pas singulier que des membres du même chapitre se soient personnifiés si cruellement dans leur propre église? Deux hypothèses se présentent, que le bombardement récent de la ville et la destruction de ses richesses manuscrites empêcheront peut-être de résoudre. Ou le chroniqueur a dit vrai : l'évêque alors aurait voulu marquer d'un sceau réprobateur d'indignes prêtres placés sous sa gouverne; ou c'est par l'interprétation d'anciennes chroniques que l'historien a été trompé : des moines d'une abbaye voisine auraient été châtiés de leurs vices par cette représentation sur un pilier de la cathédrale.

M. Thomas Wright, dont je n'ai lu les savants travaux qu'à la fin de mon travail, me paraît avoir donné une explication des sculptures satiriques de Strasbourg, plus satisfaisante que toutes celles, y compris la mienne, qui ont eu cours jusqu'alors. S'appuyant sur des fables d'un prêtre anglais qui vivait du temps de Henri II et de Richard Ier, l'archéologue anglais dit : « Odo de Cirington, le fabuliste, raconte qu'un jour le loup étant mort, le lion convoqua les animaux pour célébrer ses funérailles. Le lièvre se chargea de l'eau bénite, les hérissons des cierges ; des boucs sonnèrent les cloches, des taupes creusèrent la fosse, des renards installèrent le corps sous le catafalque. Berengarius (Bérenger), l'ours, célébra l'office, le bœuf lut l'évangile et l'âne l'épître. Quand la messe fut dite et Isengrin enterré, les animaux firent un festin splendide avec ce que celui-ci laissait, et se séparèrent en exprimant le désir d'assister à un autre enterrement pareil...

« Une scène ressemblant beaucoup à celle qu'Odo a décrite ici, et n'en différant que par la distribution des rôles, a été traduite de quelque histoire de ce genre dans le langage figuratif des anciennes sculptures ornementales de la cathédrale de Strasbourg, où elle formait, paraît-il, deux côtés du chapiteau ou de l'entablement d'une colonne près du sanctuaire.

« Le mort, dans cette composition, semble être un renard, l'animal que probablement on avait voulu représenter dans l'original; quoique, dans la copie qui en a été conservée, il eût bien plus l'air d'un écureuil. La bière est portée par le bouc et le sanglier, pendant qu'en dessous un petit chien prend des libertés avec la queue de ce dernier. Immédiatement devant la bière, le lièvre porte le cierge allumé, précédé par le loup, qui porte la croix, et par l'ours, qui d'une patte tient le vase à eau bénite et de l'autre le goupillon (voy.

grav. page 141). Dans la portion qui suit on voit le cerf dire la messe, et l'âne lire l'évangile dans un livre que le chat soutient avec sa tête. » (Voy. grav. page 145.)

Je suis complétement de l'avis de M. Wright. Ces sculptures, qui datent, dit-on, du treizième siècle, me paraissent se rattacher aux fables du moyen âge qui précédèrent le *Roman de Renart* et fournirent aux poëtes des acteurs tout habillés qu'il ne s'agissait plus que de lancer dans une action dramatique plus développée.

Cependant comment faire concorder cette interprétation d'une fable ancienne avec les personnalités satiriques dont parle le chroniqueur ? Odo de Cirington nous l'apprend par la moralité qui termine son récit.

« Ainsi il advient fréquemment, dit le fabuliste, que quand meurt un homme riche, un concussionnaire ou un usurier, l'abbé ou le prieur d'un couvent de bêtes, c'est-à-dire d'hommes vivant comme des bêtes, les fait assembler. D'ordinaire, en effet, dans un grand couvent de moines noirs ou blancs (bénédictins ou augustins), il n'y a que des bêtes : lions pour l'orgueil, renards pour la ruse, ours pour la voracité, boucs puants pour l'incontinence, ânes pour la paresse, hérissons pour l'âpreté, lièvres pour la timidité, puisqu'ils se montrent lâches quand il n'y a pas lieu d'avoir peur, et bœufs pour la peine que leur donne la culture de leur terre. »

Ce catalogue des vices des moines se lisait peut-être moins clairement sculpté par les tailleurs d'images que sous la plume des auteurs des fabliaux ; une moralité ressortait toutefois de cette langue confuse de la parodie, telle que la parlaient les sculpteurs du moyen âge. Certains vices particuliers à presque toute la gent monacale, il était facile d'en faire l'application à quelques individualités, et le peuple voulant reconnaître dans ce langage figuratif la satire de quelques moines du pays, les chroniqueurs furent amenés à conclure qu'à Strasbourg il existait des personnalités applicables à divers membres du chapitre.

Si on excepte Dubreuil, l'auteur des *Antiquités de Paris*, qui fait mention « d'une petite et laide figure qui est à Notre-Dame, à un coin du jubé, au-dessus de la figure d'enfer, » les historiens antérieurs au dix-neuvième siècle se sont peu préoccupés de semblables sculptures ; mais la caricature de la cathédrale de Paris était tellement populaire en 1612, que Dubreuil ajoute : « Là n'est aucun avoir vu cette église, s'il n'a vu cette grimace. » C'était la prétendue représentation d'un certain Du Coignet (ce nom est la corruption de Pierre de Cugnières) avocat général au parlement, qui, sous

Philippe de Valois, avait forcé vingt prélats accusés d'empiéter sur l'autorité royale et séculière à comparaître devant le monarque. Le clergé triompha de son adversaire, et se vengea en faisant une personnification de damné.

Pour avoir osé attaquer la juridiction ecclésiastique, l'image de Pierre de Cugnières fut condamnée au feu. Selon Henri Martin, « les clercs de Notre-Dame brûlaient avec leurs cierges le nez de cette hideuse petite figure de damné. » Il est vrai qu'à Sens une autre sculpture populaire de l'église réhabilita le malheureux Pierre de Cugnières sous le nom de *Jean du Cognot.*

Bien préciser l'origine de ces singuliers personnages est utile. L'érudition pourra d'abord paraître s'égarer à ce sujet dans l'infiniment petit : elle ramassera plus de miettes historiques que de gros lopins ; mais l'étude des monuments du moyen âge ainsi comprise offrira une utilité réelle, le jour où l'archéologue, suivant de près la chronique locale, s'attachera aux menus faits auxquels jusqu'ici l'historien ne pouvait prêter attention.

CHAPITRE XVII

DÉROUTE DU SYMBOLISME

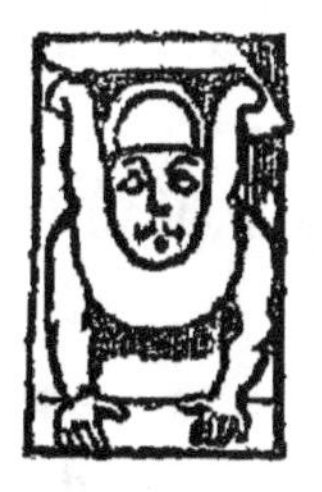

Le premier chapitre de cet ouvrage énonçait la vanité du symbolisme. Il est utile que le dernier soit consacré à sa défaite. J'ai donné avec des preuves gravées les inductions et les déductions, parfois ingénieuses des symbolisateurs; il faut leur porter les derniers coups, montrer quelles fumées remplissent leur imagination, et s'appuyer sur le terrain de la réalité, le seul qui ne fonce pas sous les pieds.

Les défenseurs du symbolisme chrétien se trouvant parfois en face de figures satiriques ou obscènes dont le sens est par trop clair, avouent alors qu'il y a « *aberration* de la symbolique ; » mais d'habitude ils se piquent de ne jamais être pris sans explication, et rappellent un certain Gobineau de Montluisant, gentilhomme chartrain, qui avait appliqué aux sculptures de la façade de Notre-Dame un système, suivant lui, fort ingénieux.

Ces sculptures étaient, disait-il, un hommage rendu à la science hermétique du moyen âge.

Le triomphe de saint Marcel écrasant le dragon, bas-relief du portail de droite, témoignait de la découverte de la pierre philosophale.

La gueule et la queue du dragon représentaient le fixe et le volatil.

Le Père éternel, étendant les mains vers deux anges, c'était le Créateur tirant du néant le souffle incombustible et le mercure de vie.

Voilà ce qu'avait trouvé Gobineau de Montluisant, à lui seul.

Cet être bizarre laissa une nombreuse postérité, dont les principaux membres se jetèrent dans l'archéologie, en abandonnant toutefois la science hermétique qui n'était plus en rapport avec les idées modernes.

L'étymologie moderne, qui a fait irruption dans la langue hébraïque, donne quelquefois des résultats semblables à ceux obtenus par Gobineau de Montluisant. Je prendrai pour exemple le mot *magot;* quoiqu'il ne soit pas employé habituellement en archéologie, les révérends Pères Cahier et Martin s'en servent pour désigner les figures grimaçantes qui se voient au haut des églises.

« Magot vient de *magog*, disent-ils ; c'est le *gog* et le *magog* de l'Écriture sainte, mots mystérieux qui désignent les auxiliaires de Satan contre Jésus-Christ. Ce mot *magog* est hébraïque... Les commentateurs de l'Écriture au moyen âge ont souvent observé que, décomposé dans sa signification hébraïque, *magog* signifie *du toit*. Cette décomposition grammaticale se prêtait aux idées des architectes chrétiens sur l'exacte traduction en langage architectural du double sens moral et matériel que renferme le mot *église* pour les peuples catholiques. Rapprochée d'un texte où saint Paul parle du démon sous le nom du *prince de l'air*, cette expression hébraïque de *magog* conduisit à peupler de monstres fantastiques les chéneaux et la galerie aérienne des églises. Là, ces magots, grimaçant du haut des toits ou des clochetons, figurèrent les légions de l'ennemi du salut qui planent sur la tête du fidèle pour l'écarter du droit chemin, et contre lesquelles il n'est de vrai refuge ou de remède que dans l'Église[1]. »

Le malheur est que cette science étymologique tombe devant une observation faite par M. de Salies, qui a remarqué à l'église de la Couture, au Mans, des corniches *intérieures* garnies d'un bout à l'autre de semblables magots. (Il en est de même, d'ailleurs, dans un certain nombre d'autres monuments, où

[1] *Mélanges d'archeologie, d'histoire et de littérature*, par Ch. Cahier et A. Martin. In-4°, t. Ier.

le magot fait d'aussi singulières grimaces sur les piliers, dans les nefs ou les chœurs des églises, qu'à l'extérieur.)

Magot ne signifierait donc plus *du toit; magot* ne dériverait plus de *magog*. Accroc, d'un côté, à la manie hébraïsante de notre temps. Accroc, de l'autre, au système du symbolisme néo-catholique.

Je me suis permis au premier chapitre de ne pas non plus partager les idées de M. de Bastard sur les relations du symbolisme et de l'art. L'étude des monuments, depuis trois ans que sont entamées ces recherches, m'a fourni un document inattendu et des preuves sans réplique.

Le petit tireur d'arc, dont il est bon de reproduire une seconde fois l'image pour appeler l'attention du public sur sa figure, se retrouve à diverses reprises dans les entourages des manuscrits à miniatures : j'en compte dans un manuscrit de la Bibliothèque, l'*Histoire de Saint-Graal* (FR. / 95), cinq ou six répétitions qui sont de purs caprices, des souvenirs de chasses, des animaux fantastiques contre lesquels s'exerce un chasseur avec son arc. Ces répétitions fréquentes, je les ignorais au début, quoiqu'il me fût impossible d'admettre avec M. de Bastard que le petit homme décochant un trait d'arbalète contre un limaçon fût une *figure relative à la résurrection.*

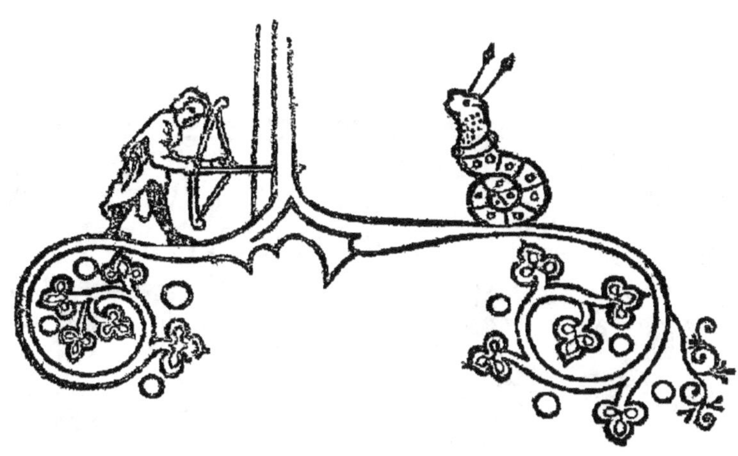

D'après un manuscrit du XIIIe siècle,
dessin de M. de Bastard.

Le limaçon, *symbole du Christ*, devint une idée fixe qui ne me quittait plus. L'idée fixe a un côté utile quand elle s'épanche au dehors et qu'elle trouve des esprits disposés à s'y intéresser.

Au moment de corriger les dernières épreuves, un ami me fait remarquer, dans l'*Histoire des livres populaires*[1], une figure presque semblable que M. Charles Nisard a fait copier d'un *Grand Compost* du quinzième siècle. Une troupe de gens armés tirent l'épée contre un limaçon, dont la pose est identique à celle du dessin reproduit par M. de

[1] Deux vol. in-18. Dentu, 1864.

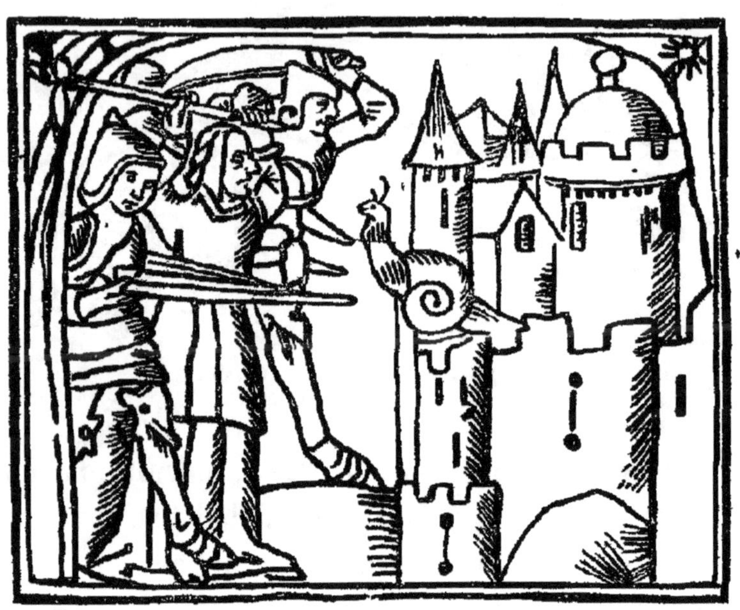

Le débat des gens d'armes et d'vne femme contre vn lymasson,
d'après le Grand Compost du xve siècle.

Bastard. Un morceau de poésie joint au dessin ne laisse aucun doute sur le sujet. La colère du peuple contre le limaçon destructeur des fleurs et des fruits se traduit par la mort de l'animal.

Vuide ce lieu, très orde beste,
Qui des vignes les bourgeons mange;
Soit arbre ou soit buisson,
Tu as mangé iusques aux branches, etc.

Le manuscrit de *Saint-Graal*, qu'il est loisible à chacun de consulter à la Bibliothèque, les diverses répétitions du limaçon et de l'homme à l'arc, le magot (*gog* ou *magog*) et les interprétations saugrenues de Gobineau de Montluisant, suffiront, je pense, à préciser les excès du symbolisme à outrance.

Nous avons trop vécu, depuis une cinquantaine d'années, sous l'influence des lourdes et épaisses imaginations de Creutzer importées en France par le professeur Guigniaut. Combien de travaux archéologiques, entrepris par des hommes qui n'ont pas su rester patients, sont-ils aujourd'hui déjà démodés par l'abus de troublantes interprétations? Combien d'importants ensembles négligés pour d'inutiles détails? Une figure harmonieuse et en pleine lumière devient l'esclave d'un capricieux gnome dont les lignes n'ont été tourmentées que pour se prêter aux enroulements d'une console supportant la radieuse image. Le besoin d'expliquer, l'avidité de découvertes quelconques, la vanité scientifique jointe à des tendances mystiques, ont favorisé le développement d'un symbolisme à outrance toujours aux aguets, en quête d'interprétations à tout prix.

J'ai essayé de protester contre ces tendances.

Notre époque a soif de faits rationnels plus que de phrases. S'entêter dans le symbolisme, c'est se refuser à voir, comme ces figures de cathédrales qui se bouchent les yeux, semblant craindre la réalité, la lumière.

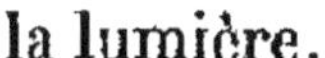

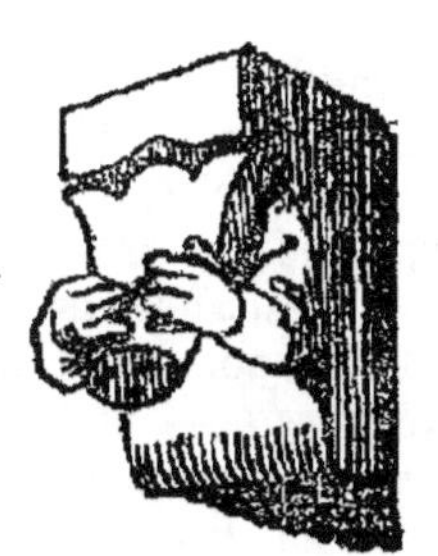

Modillon du XIIe siècle.

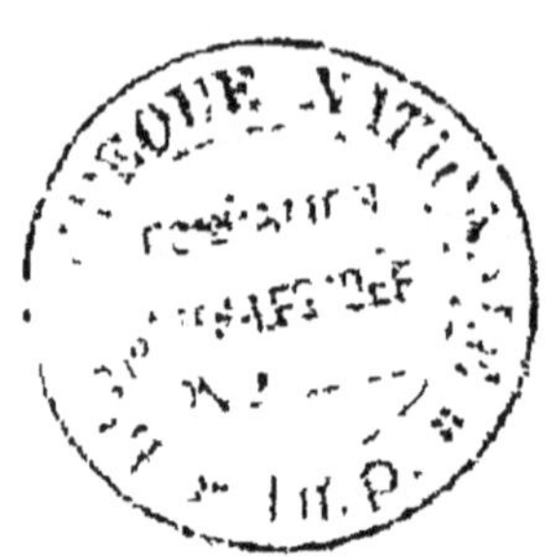

TABLE ANALYTIQUE

PRÉFACE. — L'Université et l'art satirique du moyen âge. — Timidité des spiritualistes de profession. — Figures des comédies de Térence. — Pensée confuse du peuple. — Trilogie : le diable, la Danse des Morts, Renart. — Opinion de M. César Daly. — Utilité des *ineptiarum*. VII

CHAPITRE PREMIER

VANITÉ DU SYMBOLISME

Trait d'union de l'art entre l'antiquité et le moyen âge. — Abus de la symbolique chrétienne. — L'imagination prête ses visées à la pierre. — Orphée et le Christ. — Lettre de saint Nil à Olympiodore. — Art apocalyptique des premiers siècles. — Remontrances de saint Bernard. — Les sculptures des cathédrales furent-elles commandées par l'Église pour châtier les vices ou sont-elles de purs caprices d'ouvriers ? — Lettre du père Cahier. — Enseignement des ouvriers qui concoururent à la construction des églises. — Symbolisme prémédité. — Prophéties de l'an 1000. — Le facétieux abbé de Saint-Germain d'Auxerre. — Sceau de l'évêque de Pinon. — Symbolisation des pierres, de la chaux, du sable, suivant Guillaume Durand. — L'*explet de la pélégrination humaine*, par Guille de Guyeville. — Mason Neable et Webb, fanatiques catholiques anglais. — Ils ne permettent pas l'emploi de l'ogive aux protestants. — L'abbé Aubert et l'église de Poitiers. — Ce que c'est que le symbolisme à outrance. — M. de Bastard et les miniatures. — Le Christ, le tireur d'arbalète et le limaçon. — Notions architecturales de Claude Villette sur la hauteur des fenêtres et leurs vitres, sur les barres de fer et les clavettes. — Amusante miniature d'un livre d'heures; sa réelle signification.— Le renard et les poules à l'église Saint-Fiacre-au-Faouet. — Faut-il regarder ce bas-relief comme le triomphe de la foi sur l'hérésie ? 1

CHAPITRE II

LES ANIMAUX MUSICIENS

Pline et les naturalistes de la Renaissance. — Marco-Polo. — Bestiaire fantastique de l'antiquité. — Singulière pénurie intellectuelle des artistes. — Parodies des musiciens de profession. — L'âne, animal biblique. — L'âne qui vielle, l'âne qui lyre, l'âne harpant. — Sa fête. — Analogie avec les kermesses hollandaises. — Écrivains pieux, écrivains voltairiens 31

CHAPITRE III

LA FÊTE DE L'ANE

Prose de l'âne. — Manuscrit de Sens. — Opinion de M. Clément. — L'âne est-il le symbole de Jésus-Christ? — Ce que pensait Mérimée des sculptures du moyen âge. — Le *Psalterium glossatum*. — Hauteur, largeur, longueur d'une cathédrale, c'est espérance, charité, persévérance. — Les gais enfants de l'Angoumois et leurs chansons. — Que signifient les oreilles de l'âne ? — Si le toit d'une cathédrale symbolise la figure d'un intendant fidèle, pourquoi la queue de l'âne ne représenterait-elle pas le goupillon du curé ? — Gauloise conclusion des enfants terribles de l'Angoumois 43

CHAPITRE IV

DANSES DANS LES ÉGLISES ET LES COUVENTS

L'évêque d'Erfurth danse trop pour sa santé. — Peintures de pieux manuscrits, accablantes pour les moines. — Instructions des conciles, ordonnances royales, décrets des facultés de théologie contre les danses. — Analogie avec les gaietés provinciales des messes de minuit. — Opinion de M. Villemain. 53

CHAPITRE V

LE DIABLE

Le diable, antithèse de Dieu. — Noire livrée du diable. — Poil, cornes, pattes, griffes empruntés à l'antiquité. — Le diable et le renard. — Opinion de M. Viollet-Le-Duc. — La pèse des âmes. — Le malin triche. — *Ecce diabolus!* — Diable et femme. — Messe de saint Martin. — La femme, quelquefois acolyte, quelquefois adversaire du diable. — Comment Luther recommandait d'empoisonner le diable. 67

CHAPITRE VI

LA DANSE DES MORTS

Principe égalitaire. — De quoi ricanent les têtes de mort? — Réponse de Maupertuis. — Impression plus réconfortante qu'assombrissante. — Grave leçon aux puissants et aux riches. — Erreurs de certains historiens. — La danse des morts de 1424. — Rien de commun avec l'asservissement de Paris par les Anglais. — Prétentieux *repeints* de l'époque actuelle. — La danse des antithèses. — Noël du Fail. — Sent-on battre le cœur de la France dans la danse des morts? — Leber et Langlois s'élèvent contre ces imaginations. — Les Anglais emportent dans leur île un battement du cœur de la France. — Assez de pittoresque! — Reliquaires bretons. — La mort du pont de Lucerne. — La mort de Bâle. — Sensation désagréable des rois, des moines, des usuriers, des avares, des grands seigneurs, des courtisanes en voyant arriver la mort. — Le grave et satirique Holbein. — Humanité de la mort. — *Mors melior vita*. 89

CHAPITRE VII

RENART

Fabliau du renard et de la cigogne. — Le renard s'empare du froc des moines. — Réprimande de Gauthier de Coinsy. — *Aventures de maître Renard*, de M. Paulin-Paris. — M. Lenient et la *Satire française au moyen âge*. — Observation des mœurs du renard, par Richard de Fournival. — Rôle du renard dans le blason.

— Admiration des sculpteurs et des peintres pour l'animal. — Ce que veut dire *escorcher le regnard*. — Métonymies populaires. — Curieux bas-relief de Saint-Fiacre-au-Faouet. — Tradition de la langue conservée par le peuple. — *Missale Ambaniensis* de la Haye. — Représentation du renard en France et en Angleterre. — Enseigne du renard prêchant, à Strasbourg. — Excessif enthousiasme des Allemands pour le *Roman de Renart*. . . 119

CHAPITRE VIII

CONSÉQUENCES DU ROMAN DE RENART SOUS LOUIS XV

Procession burlesque, sculptée sur un chapiteau de la cathédrale de Strasbourg. — L'antiquaire Tschernein. — Fête-Dieu de 1728. — Le cardinal de Rohan et les images luthériennes. — Réquisitoire contre d'anciennes sculptures. — Condamnation de Tschernein. — De la tolérance moderne. 139

CHAPITRE IX

LE ROMAN DE FAUVEL

Torcher Fauvel, proverbe. — Le courtisan Fauvel, inférieur à Renart indépendant. — La littérature de cour et la littérature du peuple. 148

CHAPITRE X

LE NOBLE, LE MOINE, LE SERF

Néo-symbolisme religieux et néo-symbolisme révolutionnaire. — Discours sur les dissolutions du clergé, au concile de Sienne. — Les cochons mitrés et l'extase de sainte Brigitte. — Robes de moines et robes de femmes : graisse et feu. — *Chanson des ordres*, de Rutebœuf. — Mot d'Érasme. — Bible historiale, peu favorable aux moines. — L'avarice à Saint-Pierre-sous-Vézeley. — Les patenôtres de l'usurier. — Symbole de l'ivrognerie en Bretagne. — La dispute de la culotte. — Le serf-cariatide. — Riches imaginations archéologiques. — La peau d'un prince ne vaut pas plus que celle d'un charretier. — Le *Roman de la Rose*. — Clergé, noblesse, peuple. 152

CHAPITRE XI

MINIATURE DE MANUSCRITS

La truie qui file. — Le monde renversé. — Travaux de MM. Champollion-Figeac et Ed. Fleury. — Tournois grotesques. — Manuscrit de Soissons et hôtel de Jacques-Cœur. — Études des manuscrits. — Libre érudition peu encouragée. — Prêches contre la toilette des femmes. — Enfants paresseux au treizième siècle. — Des croquis et des faits. — Mieux vaut dessiner qu'épiloguer. — L'annonciation et le fou malséant. — Opinion de M. Le Roux de Lincy. 171

CHAPITRE XII

ARCHITECTURE RELIGIEUSE. — LA MAISON DES TEMPLIERS A METZ

Découverte importante de M. de Saulcy. — La poutre historiée du magasin à poudre de Metz. — Animaux parodiant les actions de l'homme. — Analogie avec certains papyrus égyptiens. — Les Templiers rapportent d'Égypte des motifs satiriques . . . 191

CHAPITRE XIII

ARCHITECTURE MILITAIRE. — LA TOUR DESCH

Rareté des caprices ornementatifs en architecture militaire. — Canonnières de la tour Desch, décrites par M. Lorédan Larchey. — Le guerrier malséant. — Guimbardes des Lorrains. . . 198

CHAPITRE XIV

FIGURES SATIRIQUES DES MONUMENTS CIVILS

L'Hôtel de Ville de Saint-Quentin. — Description des figurines. — Singulier corbeau de l'Hôtel de Ville de Noyon. — Ce que voyait Anne de Bretagne aux fenêtres du château de Blois. — Fâcheuses odeurs d'une femme sans pudeur. — La morale du quinzième siècle et celle du dix-neuvième siècle. — Une commère de Saint-Quentin trop chiffonnée. — L'homme à la broche. — Énigme du chanoine Ch. de Bovelles. — Il est temps de gratter le badigeon du symbolisme 202

CHAPITRE XV

LES STALLES DES ÉGLISES

Ce que coûtait l'œuvre de hucherie d'une cathédrale. — Les sculpteurs de poupées. — D'où vient le mot *miséricorde*, en tant qu'appliqué aux stalles ? — Les compagnons flamands faisant leur tour de France. — Histoire du moine Pigiere. — Ce qu'enseignait le chevalier de La Tour Landry à ses filles. — Recherches archéologiques souhaitables dans le Poitou. 212

CHAPITRE XVI

LA CATHÉDRALE AU MOYEN AGE

Pensée qui décida de l'érection des cathédrales. — Protestation contre la féodalité. — Opinion de M. Viollet-le-Duc. — Destination de la cathédrale. — Symboles ithyphalliques. — Singulière sculpture de la cathédrale souterraine de Bourges. — Brochure de M. de Salies. — Le moine de l'abbaye de Gué-de-Launay fréquente les cabarets. — Opinion de Thomas Wrigth à propos des figures satiriques de Strasbourg. — Les fables d'Odo de Cirington. — Pierre de Cugnières et Jean du Cognot. 235

CHAPITRE XVII

DÉROUTE DU SYMBOLISME

Aberration de la symbolique. — Gobineau de Montluisant et la science hermétique appliquée à l'architecture. — Magot, gog et magog. — Les pères Cahier et Martin. — Manuscrit de l'histoire de Saint-Graal. — Le limaçon de M. de Bastard et le lymasson du Grand Compost. — Lumière et réalité. 252

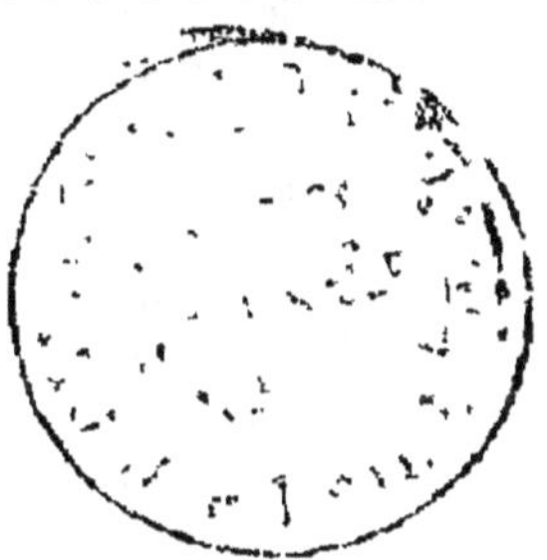

TABLE DES GRAVURES

Frontispice chromotypographique. Le moine à la cave, d'après un manuscrit.
Préface. — Lettre ornée. . vii
Figure détachée d'une miniature du *Roman de Fauvel*. . . xii
Miniature de la bibliothèque du Vatican (neuvième siècle). xiii
Le diable, d'après un manuscrit flamand. xvi
D'après le manuscrit des Comédies de Térence. . . . xx
Lettre ornée, tirée du *Decretum cum glossâ*, manuscrit du treizième siècle de la bibliothèque de Laon. 1
Bas-relief de la voussure du portail de Notre-Dame de Paris (douzième siècle). . . . 3
Chapiteau de l'abbaye de Saint-Benoît-sur-Loire (onzième siècle). 8
Modillon de la cathédrale de Poitiers. 9
Chapiteau de l'église Saint-Georges de Bocherville (Normandie). 14
Sceau trouvé au château de Pinon. 16
Modillon de la cathédrale de Poitiers. 20
Caprice tiré d'un manuscrit du treizième siècle de la Bibliothèque, d'après un dessin de M. de Bastard. 24
Miniature d'un Livre d'heures, manuscrit du quinzième siècle. 26
Premier fragment d'un bas-relief du jubé de l'église Saint-Fiacre-au-Faouet (Morbihan). 29
Deuxième fragment du même bas-relief. 29
Troisième fragment du même bas-relief. 30
Lettre ornée, d'après un manuscrit du quatorzième siècle. 31
Les habitants de l'Isle de Seylan. Voyages de Marc-Paul, miniature d'un manuscrit des *Merveilles du Monde* (1336) de la bibliothèque. 32
Chapiteau de la cathédrale de Magdebourg. 35
Sculpture en bois d'une maison de Malestroit (Bretagne). 39
Cul-de-lampe, d'après un ma-

nuscrit du quatorzième siècle. 42
Lettre ornée. 43
Frise archivolte de l'église Saint-Pierre d'Aulnay (douzième siècle). 47
Cul-de-lampe, d'après une miniature des tragédies de Sénèque (fin du treizième siècle). 51
Lettre ornée, d'après une miniature des tragédies de Sénèque (fin du treizième siècle). 53
Miniature d'une Bible moralisée (n° 166) de la Bibliothèque. 55
Chapiteau du portail de l'église de Meillet (douzième siècle). 58
Chapiteau de la nef Saint-Hilaire de Melle (Poitou). . . . 66
Lettre ornée. Le diable, gargouille. 67
Bas-relief de l'Hôtel de Ville de Saint-Quentin 68
Bas-relief de l'église du Monastier (Velay) 74
La pèse des âmes, fragment d'un bas-relief du fronton de la cathédrale d'Autun. . . . 77
Bas-relief de l'église Saint-Fiacre-au-Faouet (Bretagne). . . 80
Saint Martin, le diable et les commères, d'après une ancienne tapisserie. . . . 82
Stalle de l'église Saint-Spire, à Corbeil. 86
Le diable, d'après un manuscrit de la bibliothèque à Cambrai (douzième siècle)[1] . . . 88

[1] Une lacune dans mes notes m'empêche de vérifier si cette figure a été tirée d'un manuscrit de Douai, de Cambrai ou d'Amiens.

La Mort et l'Empereur, lettre ornée, d'après Holbein. . 80
La Mort et le moine, d'après Holbein. 93
La Mort et le laboureur, d'après Holbein. 97
Le roi mort et l'acteur, d'après une planche de la *Danse Macabre* de 1485. 99
Frontispice de la *Danse des femmes*, laquelle composa maître Marcial d'Auvergne, procureur au parlement de Paris. . 102
La Mort, d'après un Livre d'heures, de Geoffroy Tory. . 109
La Mort et la jeune fille, d'après une gravure allemande de 1541. 112
La Mort et le chevalier, d'après Holbein. 115
Cul-de-lampe, d'après un ancien manuscrit. 118
Le renard et les canards, d'après une ancienne enseigne de Strasbourg 119
La cigogne et le coq, chapiteau de la cathédrale d'Autun. 121
Le renard et les poules, vitrail de Limoges (seizième siècle). 129
L'ivrogne qui écorche le renard, bas-relief de Saint-Fiacre-au-Faouet. 131
Le renard en chaire, miséricorde de l'église Saint-Taurin d'Évreux. 134
Cul de-lampe, d'après un manuscrit du quatorzième siècle 138
Lettre ornée de Joannes Andreas in *Decretales*, manuscrit du quatorzième siècle de la bibliothèque de Laon. 139
Chapiteau de la cathédrale de Strasbourg, détruit au dix-septième siècle. 14

Chapiteau de la cathédrale de Strasbourg, *détruit au dix-septième siècle*. 145
Cul-de-lampe. Modillon de la cathédrale de Poitiers. . . 147
Lettre ornée, d'après un manuscrit du douzième siècle de la bibliothèque de Laon. . 148
Miniature du *Roman de Fauvel*, d'après un manuscrit de la bibliothèque (seizième siècle) 150
Cul-de-lampe, d'après un manuscrit du quatorzième siècle.. 151
Lettre ornée. Manuscrit de l'*Apocalypse* du quatorzième siècle, de la Bibliothèque . . . 152
Miniature d'une Bible historiale (n° 167) de la Bibliothèque. 157
Sculpture de l'église Saint-Pierre-sous-Vézeley (fin du douzième siècle), d'après un dessin de M. Viollet-le-Duc. . . . 160
Figure de l'église Saint-Gille à Malestroit (Bretagne) . . 163
Sculpture du portail de l'église de Ploermel, d'après un dessin de M. Bouet.. 164
Corbeau de l'église basse de Rosnay (Aube), douzième siècle, d'après un dessin de M. Ch. Fichot. 166
Détail d'une maison de bois de Troyes (seizième siècle). 168
Bas-relief du portail de l'église Saint-Urbain, à Troyes. . 169
Lettre ornée, d'après un manuscrit des tragédies de Sénèque, (fin du treizième siècle), 171
La truie qui file, d'après un manuscrit du quatorzième siècle 172
Le renard et l'escargot, d'après un manuscrit de la bibliothèque de Cambrai.. . . . 172
Le chien et les lièvres, d'après un manuscrit du quatorzième siècle. 173
Tournois grotesque, d'après le *Missale Suessionnense*, manuscrit du quatorzième siècle de la bibliothèque de Soissons.. 177
Miniature de l'*Histoire de Saint-Graal*, quatorzième siècle. Bibliothèque. 179
Le bœuf dirigeant la charrue, d'après un manuscrit du quatorzième siècle de la Bibliothèque.. 181
Le lièvre portant le chasseur, ancienne miniature. . . 183
Le maître d'école, d'après le manuscrit n° 95 de la Bibliothèque (treizième siècle). 185
D'après une lettre ornée d'ancien manuscrit. 188
La noble dame à sa toilette, manuscrit de la Bibliothèque (quatorzième siècle), d'après un dessin de M. A. Darcel 189
Lettre ornée, d'après un manuscrit des tragédies de Sénèque (fin du treizième siècle) . 191
Fresque de la maison des Templiers, d'après un dessin de M. de Saulcy. 192
Autre fresque du même monument.. 193
Autre fresque du même monument.. 194
Papyrus égyptien du Musée de Londres. 195
Modillon de l'église de Poitiers. 197
Artilleur avalant un boulet, Pierre

d'angle de la tour Desch, à Metz 198
Canonnière de la tour Desch, à Metz, d'après un dessin de M. Lorédan Larchey. . . 199
Sculpture de la tour Desch. 200
Gargouille de l'abbaye de Saint-Denis (treizième siècle). 201
Lettre ornée, d'après un manuscrit du douzième siècle de la bibliothèque de Laon . 202
Figurine de la façade de l'Hôtel de Ville de Saint-Quentin (seizième siècle). 203
Corbeau de l'Hôtel de Ville de Noyon (fin du quinzième siècle). 205
Retombées de fenêtre du château de Blois. 207
Détail de la façade de l'Hôtel de Ville de Saint-Quentin. 209
Figurine de l'Hôtel de Ville de Saint-Quentin.. 211
Détail de stalle de la collégiale de Champeaux (seizième siècle). 212
Caricature, d'après Breughel d'Enfer. 218
Stalle de la collégiale de Champeaux. 220
Miséricorde de la collégiale de Champeaux (seizième siècle). 221
Le lai d'Aristote, stalle de la cathédrale de Rouen.. . . 223
Stalle de l'église Saint-Spire de Corbeil. 227
Miséricorde de l'ancienne église de Saint-Spire.. 228
Miséricorde de l'église Saint-Gervais-Saint-Protais, à Paris 232
D'après un manuscrit du quatorzième siècle. 234
Lettre ornée. Modillon de la cathédrale de Poitiers. . . 235
Sculpture de la cathédrale souterraine de Bourges. . 241
Lettre ornée. Modillon de l'église de Poitiers. 252
Le chasseur au limaçon. Répétition de la vignette de la page 24. 256
Fac-simile d'une gravure du Grand Compost du XVᵉ siècle . . 257
Modillon du douzième siècle 260

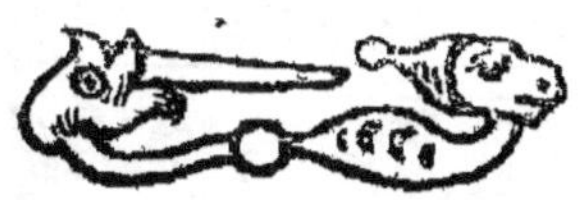

PARIS, IMP. SIMON RAÇON ET COMP., RUE D'ERFURTH, 1.

Librairie E. DENTU, Galerie d'Orléans, Palais-Royal

HISTOIRE
DE LA
CARICATURE ANTIQUE

Par CHAMPFLEURY

2e édition. — 1 vol. grand in-18, illustré de 100 gravures. — Prix : 5 fr.

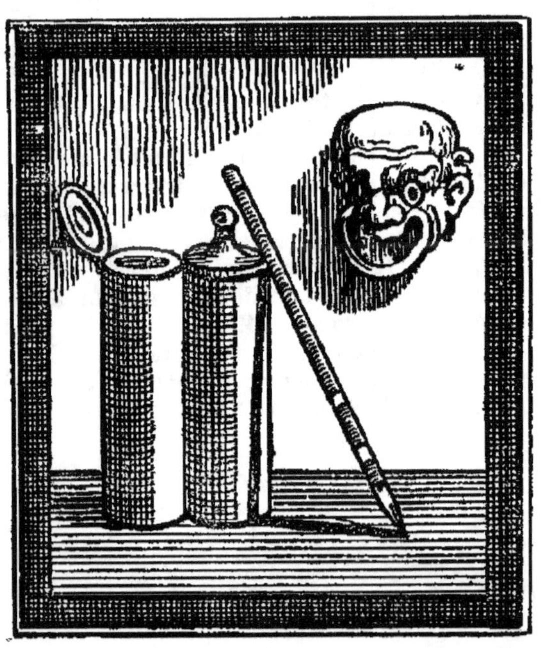

M. François Lenormant, dans *le Correspondant*, parle « du zèle et des soins scrupuleux avec lesquels M. Champfleury a colligé tous les monuments connus jusqu'à ce jour de l'art caricatural des anciens ; des observations fines et ingénieuses dont le texte est rempli et auxquelles d'excellentes figures intercalées presque à chaque page donnent un intérêt de plus. »

L'éditeur ne peut mieux donner une idée des améliorations apportées à l'*Histoire de la caricature antique* que par un détail :

La première édition contenait 248 pages et 62 gravures.
La seconde édition contient 332 pages et 100 gravures.

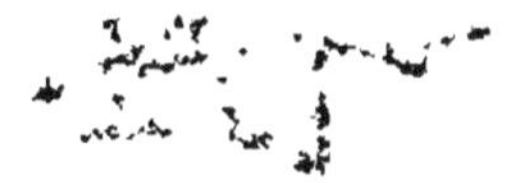

Librairie E. DENTU, Galerie d'Orléans, Palais-Royal

HISTOIRE
DE LA
CARICATURE MODERNE
Par CHAMPFLEURY

2e édition. — 1 volume grand in-18, illustré de 116 vignettes. Prix : 5 francs

« Ce livre est la suite et le complément du livre sur *la Caricature antique*. La lacune qu'il avait à combler dans l'esthétique est énorme, et c'est un véritable acte de courage que d'avoir tenté et mené à bien une série d'études sur des matières aussi délicates. Académies et clubs, gens sérieux et esprits futiles, fonctionnaires et bohèmes, politique et religion, tout est du domaine du caricaturiste.... M. Champfleury a particulièrement étudié les types du *Robert Macaire*, d'Honoré Daumier; du *Mayeux*, de Traviès; du *Joseph Prudhomme*, d'Henry Monnier. Il y a, distribués dans le texte, une quantité considérable de clichés des meilleurs croquis de ces artistes, gravés dans leur meilleur temps par leurs meilleurs graveurs. » (Ph. Burty, *Chronique des arts*.)

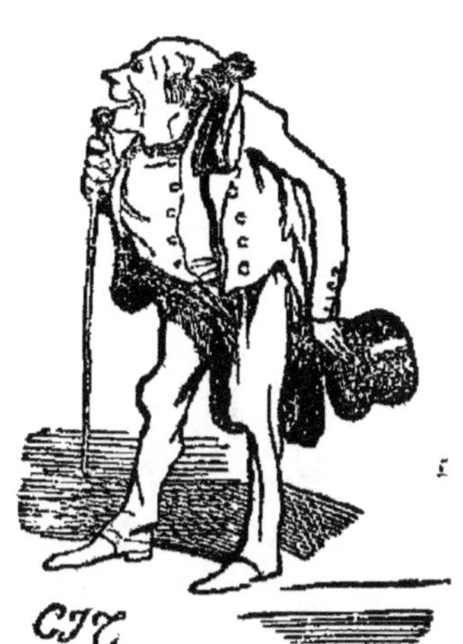

La première édition continait 86 vignettes.

La seconde édition contient 118 vignettes.

www.ingramcontent.com/pod-product-compliance
Lightning Source LLC
LaVergne TN
LVHW010547110826
845149LV00003B/585